Управление
СТИХИЕЙ

Александр Пьянов

ISBN-10: 1514350084
ISBN-13: 978-1514350089

СОДЕРЖАНИЕ

ВВЕДЕНИЕ

"Истинное назначение человека — жить, а не существовать"

Джек Лондон

Зачем люди пишут введение? Кто его читает вообще? Скажу вам больше, люди и книги то читают с непонятной целью.

Вот подумайте сколько книг про успех написано? Я думаю далеко за сотню. А сколько из них работает? Я думаю почти все.

Так почему же тогда вокруг полно людей, которые читают эти книги одну за другой, а ничего в их жизни не меняется? Да потому, что никто ничего не делает из того, что прочитал! Почему? А для этого у каждого из нас есть хорошо настроенный механизм отмазок и еще много чего, что не дает нам выйти из зоны комфорта, достичь своих целей и стать счастливыми и успешными.

Я изначально решил, что эта книга будет абсолютна «без воды». Все коротко и ясно. И это «коротко и ясно» однозначно изменит вас! Все что нужно, применить хотя бы половину!

Если вы хотите просто почитать, идите в библиотеку, а эта книга не для вас, и мне с вами не по пути, извините.

Если же вы готовы чуть-чуть приподнять попу с дивана, давайте начнем.

В нашей вселенной существует пять основных стихий: ветер, земля, вода, огонь и счастье. Да, именно стихия «счастье». Её трудно измерить с помощью точных наук, зато легко ощутить, даже кончиками пальцев.

Покорив каждую из этих стихий, человек решает свои извечные проблемы, становится успешным, здоровым, уважаемым и, главное, успешным и счастливым человеком. Говоря о покорении, я не имею в виду магию, которая позволяет превратить воду в вино, а землю в золото. Я говорю о подчинении стихии своим потребностям.

Во времена второй мировой войны в КГБ, разведчиков, отправляющихся на задание, программировали на успех и достижение цели любой ценой. Методика проста, сейчас она уже доступна общественности, и, как оказалось, совершенно несложная.

Американский доктор Сэм Нок, разработал методику, благодаря которой, пациенты, перенесшие инсульт, восстанавливаются в два раза быстрее, даже при условии полного паралича. И это уже тоже не секрет.

А чтобы вам было интереснее читать, скажу, что у меня есть подарок для вас. Он тут в книге. Какой? Всему свое время, узнаете.

Итак, поехали!

ГЛАВА 1. ВЕТЕР

"Человек, который почувствовал ветер перемен, должен строить не щит от ветра, а ветряную мельницу"

Стивен Кинг

Пытаясь начать новую жизнь, мы зачастую натыкаемся на одни и те же грабли — наше прошлое и настоящее. Постоянно проводя параллели, сравнивая и балансируя на грани «не повезло тогда, не повезёт и сейчас», сами себе не даём возможности, что- то изменить к лучшему. И так постоянно. Жизнь проходит, а свет в конце тоннеля так и не загорается.

Я выделяю стихию ветра — одну из самых главных ролей в своей книге и называю её «ветер перемен». Для того чтобы двигаться вперёд, необходимо ураганом снести весь груз прошлого, который, как огромная чугунная гиря, привязанная к ноге, мешает идти дальше. Впустить ветер в свою жизнь, дать ему возможность поднять торнадо и унести за собой старые привычки, болезни, неудачи, безденежье.

Не покорив стихию ветра, дальше не получится ничего. Попытки будут тщетными и бессмысленными. Я готов, как добрый, иногда строгий и прямолинейный, друг, вести за руку каждого нуждающегося в этом, но делать всё придётся самим. Я могу только научить и поддержать, но не сделать это вместо вас.

Определите для себя, насколько для вас важно, что-то изменить, насколько вы действительно этого хотите. Какова мотивация, что движет вашим желанием? Варианты: «Чего-то хочется большего, точно не знаю», «Попробую поменять что-нибудь, может выйдет что» - сразу нет. Я очень надеюсь, что вы не просто прочитаете эту книгу, а будете работать с ней. Но предупреждаю – будет очень не просто. Даже не надейтесь, что всё пройдёт гладко, как по взмаху волшебной палочки. Легко было вам до этого, и к чему это привело? Окружающие радуются первому летнему дождю, а вы сидите с головной болью и пьёте таблетки, купленные на последние деньги? Вам нужно такое – «легко»? Думаю, вряд ли.

Тогда ставим цель и вместе идём к её достижению. Только не стоит сразу строить «наполеоновские планы», давайте начнём с небольших побед, а уже на прочно выстроенном фундаменте, установим лестницу к звёздам.

Сразу открою небольшой секрет: ветер, как одна из составляющих воздуха, проявляет себя в нашей сущности интуицией. Даёт возможность предвидеть события, заранее почувствовать приближение изменений и предостерегает от возможных ошибок. Поэтому, в ветреную погоду, лучше всего открывать новую страницу своей жизни, оставлять прошлое позади и начинать жить. Для этого стоит взять мягкий каремат, выйти на улицу, найти уединённое тихое место, удобно устроиться и просто позволить ветру делать свою работу. Закройте глаза, отключите мысли, постарайтесь услышать его шепот, доверьтесь ему. Попробуйте немного помедитировать. Проведите за этой процедурой не менее чем сорок минут. И даже не мечтайте взять с собой пару сигарет или бутылочку пива – это не пикник – это портал в новую жизнь. Да, телефон вообще не берите с собой, чтобы не было соблазна кому-нибудь позвонить и рассказать: «как я классно провожу время».

И ещё, вообще никому не рассказывайте о том, что собираетесь что-то менять в своей жизни. Никто не порадуется искренне, никто не поверит в успех, а завистники нам не нужны.

А раз уж решили начинать новую жизнь, то давайте запечатлеем свой лик на цифровой носитель. Мы будем делать так в течение полугода. Потом посмотрите на первое и последнее фото. Уверен, что разница будет разительная.

Каждый из нас несёт тяжелую ношу проблем из прошлой жизни, которую в будущее мы не берём, а освободиться от неё не получается.

Поэтому мы «отключим» в сознании программу, которая тормозит наши возможности, и научимся управлять своими мыслями. Ибо, как говорят мудрые люди: «думать нужно меньше, а соображать больше».

1.1. Блокируем подсознание.

Мне часто приходится сталкиваться с людьми, у которых в жизни плохо всё. Чтобы не происходило – это вызывает лишь негативные эмоции. Снег – плохо, дождь – плохо, солнце – плохо, нет солнца – тоже плохо. Давайте назовём их условно – нытиками. Слушая их, начинаешь невольно осознавать, что вселенная была создана для одной цели – сделать всех несчастными. Это отличный материал для психологов и психоаналитиков, чьё время исчисляется сотнями долларов, и они с радостью будут слушать подобное нытьё часами.

Им не интересно, что-то поменять, они не хотят ничего улучшать. Даже если завтра на них «обрушится» наследство в два миллиарда рублей, нытьё не прекратиться. Ведь: «почему только два, могло быть и больше».

Первое время я вежливо, как положено воспитанному человеку, выслушивал их проблемы, при этом даже пытался аргументировать, что «мол, не всё так плохо», чем вызывал ещё больший поток негатива. А потом понял – это стиль выживания, одна из разновидностей блокировки сознания, только абсолютно неправильная, потому что никогда не принесёт счастья своему хозяину.

Я исключаю общение с такими людьми из своей жизни. Возможно, это суеверие, но мне кажется, что они притягивают неудачи. Свожу к минимуму общение, отказываюсь (под любым предлогом) от встреч, отдаляюсь. Возможно, они на меня обижаются, но одной обидой больше, одной меньше, для них не принципиально, а у меня меньше негатива. Неловко ли мне от этого? Нет! Я об этом не думаю, я отключаю мысли об этом, как и, в принципе, обо всём, что мне мешает жить и двигаться вперёд.

Нельзя зацикливаться на проблемах, они сожрут изнутри. Скажите, от того, что я сейчас или мы с вами вместе, сядем и будем сетовать на то, как всё плохо – что-то изменится? Что-то станет лучше, куда-то денутся все проблемы? Нет! А ведь мы можем жалеть себя годами, и тогда проблем будет становиться всё больше, а путей решения всё меньше. Мы начнём вызывать жалость у окружающих, они будут нас сторониться, потому что вечное нытьё надоедает, а его автор жалкий неудачник.

Жестоко, но, правда. Я привык говорить людям правду, поэтому и называю вещи своими именами. И так правило первое: не думать. Займите мысли чем-то позитивным, переключайте внимание каждый раз, когда демон прошлого пытается свести с ума. Легко сказать – тяжело сделать? Возможно, но ведь никто и не говорил, что будет легко.

Большинство наших проблем тянутся ещё из детства. Какие-то детские обиды, страхи, переживания, вовремя не рассеянные родителями, зачастую становятся взрослыми проблемами и формируют ряд комплексов, с которыми мы не в силах справится. Как оказалось, отголоски детства могут даже покалечить всю жизнь. Расскажу реальную историю, которую мне поведал мой хороший друг с обширной медицинской практикой в Нью-Йорке. Почему-то запал мне в душу этот рассказ об одной молодой и красивой девушке из Техаса. Чтобы никого не компрометировать назовем девушку Одри.

Одри выросла в семье военного лётчика. Отец строгих правил, любил идеальный порядок, практически стерильную чистоту, чего и требовал от всех домочадцев. За любое отступление от армейского порядка, мог выпороть солдатским ремнём и её и сестру. Мать – тихая покладистая женщина, мужу никогда не перечила, дочерей защищала, как могла.

Девочки с самого детства мечтали, что сразу, после окончания школы, уедут учиться в колледж и смогут жить в своё удовольствие, без постоянных генеральных уборок в доме и вечного натирания посуды. Потому что чувствовать себя уютно в родительском доме они всё равно могли только в отсутствие отца.

Проблемы начались, когда Одре исполнилось тринадцать, и она решила пригласить друзей домой, чтобы устроить вечеринку. Отец был в командировке, мама конечно не возражала. Должен сказать, что даже спустя двадцать лет, рассказывая о празднике, девушка жутко нервничала. Оказалось, что долгожданное событие было испорчено внезапным появлением отца, который на глазах у одноклассников, выпорол Одри за антисанитарию во дворе. Унижение было колоссальным. С тех пор, она ни разу не появилась не на одной вечеринке. Даже простое упоминание о любом празднике вызывало ужас и наполняло глаза слезами. Казалось бы, прошло много времени, отец уже не такой строгий, Одри уже взрослая женщина, но детский страх настолько велик, что сводит с ума.

Проблема стала пугающе глобальной, когда пришло время выходить замуж, и жених стал настаивать на торжестве. Разговоры и уговоры не действовали, свадьба могла оказаться на грани срыва. Действительно становится не по себе, когда красивая, успешная, уверенная в себе женщина, вдруг мгновенно превращается в забитого зверька, который просто не может взять в себя в руки и внятно произнести два слова.

Единственным возможным выходом из ситуации было отключить сознание и подчинить мысли своей воле. Как поступил доктор? Очень мягко, по-отечески, спросил, насколько сильно Одри любит своего жениха и хочет создать свою семью. А потом, практически целый час, просто вёл беседу ни о чём: о работе, об учёбе, о собаке Чаки. Спрашивал о планах на будущее, о карьере жениха. И я вновь увидел ту, уверенную в себе женщину, которая пришла пару часов назад. После беседы доктор спросил: «за время разговора, сколько раз вы вспомнили об отце?». Одри растерянно ответила: «ни разу». И постепенно доктор подвёл девушку к понимаю: не думаю – не беспокоит.

Да, действительно, сначала, для того чтобы не думать о плохом, нужно думать о хорошем. А со временем, когда сознание освоит этот урок, оно сможет просто не думать. Конечно, при условии постоянной занятости. Не думать, постоянно лёжа на диване – это сложно, понимаю. Диван вообще страшная вещь. Наверное, на нём китайские коммунисты создают себе проблемы, чтобы потом их решать. Займитесь делом, проблемы сознания, зачастую, возникают от обычного безделья. От него же возникают болячки, скверный характер и морщины.

Возьмите себе за правило: как только начинают одолевать дурные мысли, выходите на пробежку и бегите до тех пор, пока не останется сил, вообще ни на какие мысли. В любую погоду, в любое время суток, по любой дороге – просто бегите. Кровь начнёт циркулировать чаще, мышцы потреблять белок, слёзы выйдут через пот, а дурь через усталость. Через неделю – две результат на лицо: голова свежая, мысли контролируемые, фигура подтянутая, килограмм десять бесследно исчезло, а в копилке приобретений появилась полезная привычка – бег. Давайте её оставим, хотя бы на 15-минутной ежедневной основе. Это первый шаг к здоровью и лекарство от плохих мыслей.

Когда мысли не настолько ужасны, а просто неприятны, то можно воспользоваться методом самогипноза. Погрузиться в состояние лёгкого транса и поговорить со своим подсознанием, договориться о взаимопонимании. Этот метод не менее действенный, если хотя бы одна половина вашего мозга находится на вашей стороне и тоже жаждет перемен. Тем более что подобрать слова, чтобы убедить себя – это гораздо проще, чем договариваться с посторонним человеком.

Для этого многие отправляются в Тибет, живут в монастырях, питаются жуками, учатся у мудрых мастеров - но это одна половина страждущих. Другая - выбирает более бюджетный вариант переговоров с подсознанием – удобное мягкое кресло. Сядьте в него максимально удобно, предварительно задёрнув шторы и надев наушники с лёгкой классической музыкой. Когда почувствуете приятную слабость в теле – вы готовы к переговорам. Ваш диалог с подсознанием должен проходить рационально, с доводами и логическими аргументами. Убедите его в своей правоте, приведите примеры того, как ваше совместное прошлое не раз было причиной неудач. Не заканчивайте беседу до полной капитуляции оппонента.

Эта методика была изобретена в 1920 году доктором Эдмондом Джекобсоном и, на протяжении практически столетия, находит эффективное применение в лечении различных психологических расстройств. Действуя по принципу: никто меня не любит так, как я.

Так что выбор за вами: спорт или переговоры. В любом случае от спорта нам всё равно никуда не уйти, так что можем «убить двух зайцев» сразу.

1.2. Анализируем проблемы.

Зачастую, когда начинаешь спрашивать у людей об их проблемах, то информация льётся, как из рога изобилия, при этом о достижениях они могут рассказать двумя предложениями и то, буквально выдавливая из себя слова. Почему так происходит? Всё от того, что мы не умеем отделять проблемы от трудностей, которые решаются быстро и возникают на протяжении всей жизни, потому что на то она и жизнь, чтобы в ней, что-то происходило.

Некоторые, особо одарённые, вообще умудряются видеть проблемы во всём, накручивать себя, принимать всё близко к сердцу, а потом относить в аптеку все кровно заработанные средства существования. Давайте, для начала, классифицируем проблемы и поэтапно попробуем с ними разобраться.

1.2.1. Классификатор проблем.

➢ Глобальные. Наводнения, войны, торнадо, смерчи, нападение марсиан.

➢ Финансовые. Денег нет. Денег нет совсем. Денег нет вообще никогда.

➢ Политические. Красные проиграли на выборах. Красные выиграли на выборах. Все дураки, как теперь жить будем?

➢ Социальные. Меня никто не любит, не понимает, в гости не приглашает. Всё – жизнь кончена.

➢ Психологические. Дома скандалы. Жена пилит, тёща пилит, начальница пилит.

➢ Духовные. Бог меня не слышит. Вселенной не до меня. Марсиане не звонят.

➢ Проблемы со здоровьем. Болит всё, везде, постоянно.

Знакомые ситуации? Думаю, да. В зависимости от половозрастных признаков, чаша весов склоняется в сторону одних проблем больше, других меньше. Но при этом итог всегда один: нет жизни, ни себе, ни окружающим. А когда ситуация начинает выходить из-под контроля, то к одним проблемам, как к снежному кому, цепляются другие и в итоге - коллапс.

Не верите? Банальная ситуация: наш президент не прав, он не знает, как управлять страной, поэтому пойду к Васе с пятого этажа, он точно знает как. Вася знает, но без бутылки говорить не хочет и один не пьёт. Одной бутылкой дело не обошлось, потому что страна – дело двух бутылок. Пришёл домой «на автопилоте», жена не поняла политической подоплёки событий и выгнала из дому. Совсем, с вещами. Идти некуда, Вася не открывает, наверное, думает, как страной управлять. Поехал к маме, по дороге вытащили документы, телефон, деньги и высадили из автобуса. В борьбе за справедливость набил морду водителю (потому что он был реально не прав), но вызванный наряд милиции этого не оценил и не поддержал стремления к утопии. В результате получил статью за хулиганство, правда, мелкое. А если бы наш президент вёл бы другую политику, то я бы сейчас не попал во всё это…

И вот так или немного по другому сценарию, но мы сами создаём себе массу проблем, которые потом всё равно необходимо решать, только уже большим ресурсом. При этом, подойдя к делу с умом, можно было избежать большинства ошибок, сэкономить время и нервы.

Как говорится: «сам придумал, сам расстроился». Ведь действительно, большинство проблем мы придумываем сами, в то время как можно было просто переформулировать их в задачу, а у любой задачи есть решение. Только решать задачу нужно правильно – по СМАРТу (SMART* в переводе с английского умный, смышленый, хитроумный, ловкий). Т.е. сделать её:

➢ конкретной,

➢ измеримой,

➢ достижимой,

➢ значимой,

➢ ограниченной по времени.

* SMART – немного теории: на самом деле это мнемоническая аббревиатура от английских слов. В менеджменте её используют для достижения поставленных целей. Даю расшифровку:

Буква – Значение – Пояснение

S - Specific (Конкретный) Объясняется, что именно необходимо достигнуть

M - Measurable (Измеримый) Объясняется, в чем будет измеряться результат.

A- Attainable, Achievable (Достижимый) Объясняется, за счёт чего планируется достигнуть цели. И возможно ли её достигнуть вообще?

R -Relevant (Актуальный) Определение истинности цели. Действительно ли выполнение данной задачи позволит достичь желаемой цели? Необходимо удостовериться, что выполнение данной задачи действительно необходимо.

T - Time-bound (Ограниченный во времени) Определение временного промежутка по наступлению/окончанию которого должна быть достигнута цель (выполнена задача).

Давайте приведу самый элементарный пример. Проблема любой девушки – «я очень толстая», даже если при этом, её сдувает любой сквозняк, ну да не важно. Переформулировав эту проблему в задачу, получаем «я должна стать стройной». Чувствуете разницу? Проблемы уже нет, а есть задача. Теперь решаем задачу по СМАРТу:

➢ 2 часа тренировок + 1 час плаванья.

➢ Минус 5 килограмм.

➢ Ежедневно после работы.

➢ Чтобы влезть в любимое платье.

➢ На протяжении месяца.

Теперь, вместо постоянного сетования на проблему, мы поместили её в круг своего влияния и превратили в задачу. Составили план решения, взяли себя в руки и решили. Проще некуда. Но это при условии, что мотивация настолько велика, что действовать начинаем здесь и сейчас.

Есть ещё один способ решения проблем, я им пользуюсь гораздо чаще первого. При возникновении проблемы, поиск её решения я доверяю подсознанию (при этом ни на секунду не сомневаясь, что оно умнее меня). Как? Тут два варианта. Первый: чётко формулирую проблему во всех мелочах и переключаюсь на любое, не требующее концентрации, мероприятие, которое вообще не связано с моей проблемой. И пока моё сознание занимается чем-то отвлечённым, подсознание ищет решение проблемы. Второй: поступаю по принципу – утро вечера мудренее. Перед сном в своё сознание, как в компьютер, загружаю все «файлы» проблемы и ложусь спать. Во время фазы быстрого сна, моё подсознание ищет решение проблемы и на утро выдаёт ответ. Причём он, зачастую, оказывается настолько очевиден, что становится даже смешно, как можно было не догадаться до этого раньше.

Существует ещё один метод. Его Стивен Кови назвал мозговым штурмом, а в своей книге «Семь навыков эффективных людей», предложил использовать в самых затруднительных ситуациях. Признаюсь честно, я частенько использую, в качестве помощника, ручку и лист бумаги, но таким методом пользоваться не привык. Хотя многим он подходит. Его суть заключается в написании на листке бумаги вопроса, а потом ответов, каждого с новой строки. Писать необходимо быстро, долго, абсолютно всё, что приходит в голову. Стивен утверждает, что в этот момент подсознание выбрасывает на поверхность ценные мысли, разобравшись потом в которых, можно найти нужное решение.

Если же все эти методы так и не помогли, то можно воспользоваться самыми распространёнными. Например, в интернете. Всемирная паутина является таким кладезем знаний, что может ответить, практически на любой вопрос. Наверняка, схожую проблему уже решали до вас и обязательно поделились мыслями в сети. Стоит только правильно ввести запрос и ответ не заставит себя долго ждать, а возможно и несколько вариантов сразу.

Иногда, полезными могут стать и окружающие нас люди: родственники, друзья, коллеги, соседи. Возможно, их жизненный опыт богаче вашего, и они с удовольствием поделятся информацией. Если же ваша проблема настолько уникальна, что не имеет мировых аналогов, то решайте её эмпирическим путём, методом проб и ошибок. Долго? Зато уж точно эффективно и продуктивно. Можно будет потом блеснуть знаниями и опытом. В любом случае, проблемы чаще живут в нашей голове, а их решение только повышает уровень саморазвития.

1.3. Кто виноват?

В своих бедах и неудачах мы всегда готовы винить всех вокруг, кроме себя. Да, это проще и удобнее. У нас виновны все: родители, социум, правительство, начальство, жизнь, судьба, инопланетяне. Все, кроме нас. Разбираться с трудностями – это тяжело, решать проблемы - сложно, а свалить всё на окружающий мир – легко.

Ведь что получается, рождённый быть абсолютно счастливым, человек постоянно живёт в состоянии зебры: то светло и радужно, то темно, как в берлоге. Так что выходит, что виноваты все, они тебе не помогают! Гениально! А должны они помогать? Может у них свои интересы, цели и задачи?

Давайте разбираться подробнее. У меня в гостях, не так давно, был один университетский товарищ, сидели, болтали о жизни, о семье, о работе. Всё у него ровно и гладко, кроме работы. Начальство постоянно придирается, ставит невыполнимые задачи, критикует по любому поводу. Просто нет сил терпеть. Я долго слушал его, а потом начал задавать конкретные вопросы:

- Как давно ты работаешь в этой компании?

- Уже практически пять лет.

- И что, всегда было такое отношение руководства?

- Нет, последний год.

- А что изменилось в твоей жизни за этот год?

- Женился, появился ребёнок, взял машину в кредит.

- А в чём конкретно заключаются претензии?

- Опаздываю, допускаю ошибки в документах, не успеваю сдать работу вовремя.

- А это действительно так?

- Ну, бывает. Так у меня же ребёнок маленький, подработка, я устаю, как проклятый.

- Это понятно, но разве начальство предъявляет необоснованные претензии?

- Ну, так у меня же есть причины.

Мы долго продолжали разговор, я сознательно не пытался навязать ему своё мнение, хотя причины его проблем абсолютно ясны. Мне хотелось направить его мысли в нужное русло. Он сопротивлялся. И это только доказывало очевидное: Дима отлично понимал, что проблема не в руководстве, а в нём самом, только признавать этого упорно не хотел. Ведь действительно, проще найти уйму отговорок и свалить вину на другого, чем сделать «нечеловеческое» усилие и признать свою неправоту. Получается, что нам иногда проще жить с проблемой, чем её решить.

Я в таких случаях говорю: «Значит это вам выгодно». Как? А вы подумайте, как выгодно думать, что это не я ленивый, а начальник дурак. Что ни я зарабатываю мало, а мне мало платят. Посмотрите, как ведут себя дети. Они уже с детства учатся отмазываться и перекладывать вину на других. Потом так и живут, ничего не достигая, потому что вокруг так много всего, что им помешает добиться успеха. А у кого они этому учатся? Да, правильно, от нас с вами. Поэтому примите ответственность за свою жизнь и не портите кайф ни себе, ни вашим детям.

Еще одна фишка свалить ответственность на нечто неосязаемое. Кто виноват в отсутствии идеальной фигуры: генетическая предрасположенность или личная лень? А постоянной головной боли при смене погоды: природа или неправильный образ жизни? А в бытовых ссорах: не правильное воспитание второй половины или вы сами?

Давайте раз и навсегда определимся и уясним, что во всех наших проблемах виноваты только мы сами. Но, это не означает, что нужно начать заниматься самобичеванием и довести себя до нервного истощения. Ни в коем случае. Это значит, что хватит жить приспособленцем, удобно сваливающим свои проблемы на вселенную. Есть проблема - сделайте из нее задачу и решайте.

Кстати, раз уж коснулись детей, давайте рассмотрим еще одну ситуацию. Мы часто, и это вполне естественно, близко к сердцу принимаем все их неурядицы и считаем себя виновными в их проблемах. Потом начинаются проблемы с давлением, сердцем, ноги не ходят, руки не держат. Всё – хоть ложись и умирай. Ну и чем вы помогли? Теперь и у них, и у вас ещё одной проблемой больше. Сделайте себе травяной успокаивающий чай (кстати, могу дать рецепт), выпейте, подумайте, а можете ли вы им подсказать что-то по существу? Можете – подскажите. Нет – пейте чай и не добавляйте им дополнительных проблем. И не дай вам Бог, начать решать за них эти проблемы. Только совет, и то, если попросят (не зависимо от возраста), потому что иначе они никогда не научатся ничему, и с годами проблем будет только больше, а навыка их решать только меньше.

Ну, уж раз обещал рецепт чая: одну столовую ложку измельчённого корня валерьяны, столько же измельчённых шишек хмеля и две столовые ложки листьев мелисы или мяты, залить 600 мл кипятка, прокипятить ещё минут пять. Процедить, остудить и пить в своё удовольствие.

Рецепт проверенный. У меня таких ещё много в запасе. Откуда? Все просто. Со мной по соседству, сколько себя помню, жила бойкая такая бабуля по имении баба Валя. Мудрая, добрая и поразительно шустрая для своих лет. Но, я как-то с ней и не общался даже, лишь здоровался по-соседски — поколения у нас разные. И вот, однажды, я решил, что пора уже наконец-то бегать по утрам начать. Решил - сделал. Будильник на час раньше, встал полшестого. А это было не просто, пришлось заставлять себя изо всех сил. Но стиснул зубы, в душ и на улицу. Время 5:40. Баба Валя подметает двор, и это в ее 98 лет. Я, честно признаться, решил, что она на работу устроилась. Так ведь нет, просто так! Как она сказала: «Я каждое утро тут убираюсь, чтобы чисто было». Я в шоке. Как? Зачем? Кому это надо? Есть же дворник, наверное. А она мне: «Знаешь, Сынок, человек живет, пока нужен кому-то, пока верит, что пользу приносит, пока жизнь любит. А я и жизнь, и чистоту люблю. Да и зарядка для меня хорошая». И тут я задумался: «Я кое-как с кровати сполз, чтобы побегать, а ей под сотку, и она вся такая на позитиве до сих пор, за просто так, во дворе метлой машет…». В этот первый день своей пробежки я бежал, как никогда раньше не бегал, и знал, что я смогу добиться в этой жизни всего! Всего, что только смогу себе представить! Я просто должен встать пораньше, просто верить в себя и просто делать все, что в моих силах. Пусть по чуть-чуть, по одному шагу, но приближаться к своей цели. И пусть все это звучит как-то смешно из уст взрослого мужчины, но эта хрупкая бабушка как-то так сумела меня мотивировать на достижение моих целей, что я за год добился больше, чем за предыдущие 5 лет. И, как ни странно, мы стали общаться с бабой Валей все чаще и чаще, и она многому меня научила. Дай Бог каждому дожить до таких лет, оставаясь не только в добром здравии и памяти, но и таким позитивным, мудрым и добрым человеком как она.

1.4. У природы нет плохой погоды.

Многие из нас настолько не любят перемену погоды, что готовы сбежать на Марс или Луну, только бы не ощущать зябкий холод или пронизывающий ветер. Для одних – это просто неприятные ощущения, для других – болезненные ощущения, связанные с метеозависимостью.

На самом деле, и то и другое – не проблема. От любой погоды можно научиться получать удовольствие, наслаждаться каждой капелькой дождя или кружевом снежинки. Ну, это меня что-то понесло в лирику, давайте, по существу.

Сначала разберёмся с метеочувствительностью, которая вызывает апатию, депрессию, желание не вставать с постели и вообще никуда не ходить и никого не видеть. Сразу скажу, что в нашей новой жизни такого не будет. Во-первых, мы не можем позволить себе такую роскошь, а во-вторых, таким желаниям не будет места.

Нормальный здоровый человек имеет устойчивость к любым переменам в окружающей среде. При проблемах с нервной системой, начинаются либо болезненные ощущения, либо подавленное состояние всего организма. В данном случае, мы исключаем индивидуальную гиперчувствительность, заложенную на генном уровне или сложные заболевания, требующие врачебного и медикаментозного вмешательства. Такие случаи особые, и с ними необходимо обратиться к специалисту с медицинским образованием, который назначит определённый курс лечения. Во всех остальных случаях – это проблема внутреннего состояния – психологическая. Иногда, даже надуманная, на подсознательном уровне, связанная либо с детскими воспоминаниями, либо с накопившимися жизненными проблемами, которые настолько расшатали нервную систему, что она начала подавать знаки, пусть даже и таким изощрённым способом.

Нервы – это не шутка, ими нужно заниматься, их нужно беречь. Об успокоительном бабушкином чае я уже рассказывал, его нужно чашечку перед сном «бахнуть» и через неделю всё будет в лучшем виде. Теперь общее состояние организма: когда последний раз вы принимали курс витаминов и микроэлементов? Вот, то-то и оно. А их необходимо принимать регулярно, потому что организм имеет свойство изнашиваться, ему необходимо восполнять свои запасы в любое время года, особенно зимой и весной, когда в атмосфере витают вирусы, желающие надёжно поселиться в тёплом теле. В любой аптеке провизор посоветует оптимальный набор, который вы будете принимать на протяжении месяца – полтора с периодичностью в два – три месяца. Тогда у вашего организма будет жизненная энергия, которая сможет противостоять вирусам, депрессиям, нервным срывам и прочей гадости.

Вызывать болезненные или просто неприятные ощущения при смене погоды может и способ питания, т.е. наличие сбалансированного набора жиров, белков, углеводов и аминокислот. Это наиболее важный фактор, но об этом мы будем говорить в другой главе книги, где научимся правильно питаться, причём вкусной и здоровой пищей.

С этим всё понятно. А теперь, давайте разберёмся с самой распространённой формой метеочувствительности. Утром звонит будильник, глаза не открываются, за окном дождь, сил встать нет, голова гудит (может ещё и не болит, но уже мешает), в общем – это у меня реакция на смену погоды. А то, что до двух часов ночи ты болтала по телефону со Светкой, причём о такой ерунде, что у оператора сотовой связи началась болезнь Альцгеймера. При этом выкурила пачку сигарет и выпила полведра кофе, и даже не проветрила спальню перед сном – это, конечно, не в счёт. Представителей сильного пола попрошу не улыбаться, потому что выпить ящик пива с Васей перед телевизором, в процессе дикого ора, а потом удивляться: «что это за рожа из зеркала выглядывает?», ничем ни лучше. Конечно, простительно, чемпионат Европы шёл, но виновата смена погоды. Знакомые ситуации? Так вот это уже не чувствительность к перемене погоды – это нужно вести нормальный образ жизни.

Ещё хочу обратить внимание на такое заболевание, как хроническая усталость. Казалось бы, не страшно, но при накоплении усталости, организм перестаёт бороться, сопротивляться и, вообще, ведёт апатическое существование. Здесь проблемы и с нервной системой, и с сердечно – сосудистой, да и артериальное давление «расскажет», что оно тоже есть и требует внимания. В таком случае, изменение температуры буквально на один градус, сразу приведёт к целому «букету» проблем. Вариант только один, сменить обстановку и отдохнуть, при этом пить витамины, как можно больше гулять на свежем воздухе и спать не менее восьми часов в сутки. Курс лечения - две недели, не меньше. Помните, загнанных лошадей пристреливают, не повторяйте их ошибок.

Если же утренний подъём вам просто легче заменить расстрелом, а смена погоды только усиливает такие желания, то существует ряд хитростей, которые позволят смягчить нагрузку на организм.

1.4.1. Утренний подъём для ленивых или как обмануть настроение.

➤ Не пытайтесь встать сразу, как услышите будильник. Потянитесь всем телом, перевернитесь на живот, расправьте руки, сделайте вид, что плывёте, только не быстро.

➤ Поплавали немного, опять перевернитесь на спину и опять хорошенько потянитесь.

➤ Лёгким движением руки включите ритмичную музыку, и теперь вставайте, немного потанцуйте.

➤ В ритме музыки подойдите к окну, откройте его (в любое время года) и сделайте несколько глубоких вдохов, чтобы наполнить кислородом каждую клетку организма.

➤ Не сбавляя ритма, следуйте на кухню и выпейте стакан воды, кстати, можете включить чайник, пусть пока кипятится.

➤ Теперь в душ, вода должна быть комнатной температуры, десять минут и на выход.

➤ Сейчас самое время вспомнить о чайнике и выпить чашечку кофе или зелёного чая.

➤ Обязательно позавтракайте, во-первых, появится энергия, во-вторых, талия будет тоньше.

А теперь можно смело сказать себе перед зеркалом пару комплиментов или позитивных установок на день, и в бой. Только одежду и обувь не забывайте подбирать соответствующую. И не говорите, что не знали, насколько это важно. Нет? Тогда и об этом поговорим.

А да, чуть не забыл уточнить, это был подъем для девочек. Для мужчин все проще. Взяли себя за любое удобно торчащее из под одеяла место и вытащили наружу. Не надо петь тут мне песни, что хочется поспать. Мужик сказал, мужик сделал. Сказал встану в пять утра и встал, пробежал пять километров, в душ и на работу. А сопли и плаванье в постели давайте оставим для девочек. Договорились?

Представьте себе студёную зиму, мороз минус пятнадцать, солнце, ветерок – здорово! Или вам не нравится? Холодно и зябко? А что на вас надето? Пуховик, рассчитанный на плюс два? Тогда понятно. Руки отмёрзли, ноги вообще уже не «живые», какое уж тут наслаждение. А умные люди, для такого случая придумали технологию Omni-Heat, ну знаменитые блестящие точки. Которая сделана из специального материала с точечной матрицей из алюминия, с дышащим слоем, который впитывает влагу тела и сохраняет его собственное тепло. При этом лишний конденсат выводит наружу, не давая организму ни перегреться, ни замёрзнуть. И такая технология используется как в одежде, так и в обуви, шапках, перчатках и т.д. Поэтому, когда они уже «посинели» от холода, лично я чувствую себя абсолютно комфортно. А миф о том, что всё это тяжёлое и громоздкое – просто ерунда.

А проливной дождь, грязь и ветер – страшно? Нет, потому что и для этих случаев есть специальная одежда и обувь с технологией Omni-Shield, которая не пропускает влагу, а грязь просто скатывается с поверхности и не проникает ни в материал, ни в швы изделия. Outdry позволяет не просто ходить по лужам, а практически плавать в них, при этом оставаться с сухими ногами. А уж для совсем пронизывающего ветра, есть в моём гардеробе вещи с технологией Omni-Tech, поэтому я не понимаю, что значит плохая погода. При этом стоимость таких вещей не отличается от обычных курток или ботинок, но подобрана с умом. Я, конечно, не хочу делать рекламу кому бы то ни было и навязывать, что вам носить, но думаю, мысль ясна – одевайтесь по погоде и все будет замечательно.

Спросите любую девушку о специальном стайлинге для театра или на день рождение, и она будет часами перечислять особенности и различия, понимая, насколько это важно. Так почему же выбору правильной одежды и обуви по погоде, мы уделяем так мало внимания, а потом жалуемся, что погода какая-то не такая?

Не бывает плохой погоды – бывает неправильно подобранный гардероб. А теперь, представьте все именно это за окном, только вы не задумываетесь о замёрзших ногах или руках, а просто наслаждаетесь естественной красотой окружающего мира.

1.5. Вижу цель, не вижу препятствий.

Чем отличается цель от мечты? Может ли быть мечта целью, а цель мечтой? Что общего у этих понятий и чего проще достичь? Множество вопросов, которые я слышу постоянно. А выслушивая различные мнения, понимаю, что люди не понимают разницы и поэтому не получают желаемого результата. Мы мечтаем о счастливом будущем, о прекрасной жизни, о новом автомобиле. Засыпаем и просыпаемся со своими мечтами, которые ничем не прикреплены к нашей реальности, и соответственно, так и остаются мечтами.

Основное отличие мечты от цели – это временные рамки. У цели они есть, на данном этапе пока даже не важно, насколько правильно расставлены, но есть. А мечта растворяется во вселенной, оставляя лишь грустный шлейф разбитой иллюзии. Поэтому, имея только мечту и не имея конкретной цели, мы, чаще всего, видим только непреодолимые препятствия, которые становятся глухой стеной на нашем пути и не позволяют достигнуть результата.

Когда начинаешь спрашивать человека о его мечте, чаще всего, в ответ получаешь невнятное блеянье на тему: «как всё паршиво» и никакой конкретики. А вот превратить мечту в цель – это уже целое искусство, которому мы и будем учиться.

И так, цель – это максимально конкретная формулировка желания, расписанная в пошаговом алгоритме действий, в определённых временных рамках.

Чтобы чего-то достигать, необходимо сначала чётко сформулировать желание, поставить задачу по SMART (а мы уже умеем это делать) и следовать прописанному, не отклоняясь ни на шаг от задуманного. Но и этого мало. Необходима уверенность в себе, которая не терпит: «наверное», «постараюсь», «может быть» и прочей ерунды. Собрался, взял себя в кулак, осознал свою исключительность (без звёздной пыли) и в бой «Стахановскими» темпами. Уверенный в себе человек, пойдёт напролом всем препятствиям, примет вызов любой сложности, не раскиснет при первой же неудаче, сделает выводы из любого промаха и добьётся поставленной цели.

Не забывайте о достижимости и реальности ваших целей. Я вполне могу предположить, что при нечеловеческих усилиях, можно стать балериной в шестьдесят, при этом ещё и слетать на Марс в отпуске, но давайте не будем настолько издеваться над собственным организмом. Ведь слетать в отпуск можно и на Гоа, а бальные танцы ничем не хуже балета. И, раз уж мы заговорили о балете, приведу рассказ одной из моих знакомых. Я процитирую её письмо:

«Я долго не решалась рассказать кому-нибудь о моей истории. Несколько раз пыталась написать, а потом удаляла все полностью. Не люблю, когда меня жалеют. Сама виновата в своей беде, винить некого. А потом я подумала, может быть кому-то ещё хуже, чем мне? Возможно, мои слова помогут кому-то не опустить руки, а упорно двигаться вперёд. Расскажи ее людям, пожалуйста…

Я с детства занималась танцами, профессионально, в балетной школе, с трёх лет. Сколько себя помню, всегда представляла, как буду танцевать сольную программу на сцене Большого театра. Майя Плисецкая была моим кумиром. Ну, ты же знаешь, я – творческий человек, люблю поэзию, живопись. Пишу стихи и картины, но это скорее хобби. А балет – это работа – тяжёлая и упорная работа над собой и своим телом. Многочасовые тренировки, специальная диета, строгий распорядок дня.

Это были мои первые гастроли по России, первый букет цветов, первые крики браво и десятки восторженных глаз поклонников. Вся жизнь ещё впереди, и мечта о Большом театре уже почти реальность…. Знала бы я тогда, что эти первые гастроли станут для меня последними.

Мы всей труппой возвращались на автобусе домой. Весёлые, счастливые, перебивая друг – друга - взахлёб делились впечатлениями. Я очень устала, поэтому прикрыла глаза и почему-то подумала: «Боже, я бы так хотела встретить свою любовь, чтобы поделиться своей радостью», а потом вдруг резко темнота. Острая боль, белые халаты и страшный диагноз – перелом позвоночника. В наш автобус врезался пьяный водитель на фуре, просто выскочил на встречную полосу и не смог избежать столкновения. Мы перевернулись, вылетели в кювет, а от лобового столкновения половину автобуса просто смяло. Водитель погиб на месте, двоих девочек, с большим трудом, откачали в больнице, одну не успели спасти на операционном столе. Остальные получили тяжёлые травмы, а я с того дня могу передвигаться только в инвалидном кресле. Жизнь для меня закончилась, я даже завидовала погибшим, наверное, так было бы проще и мне.

Сразу куда-то пропали все друзья, знакомые, поклонники, ухажёры. Я никому стала не нужна. Родителей жалко: мама постарела лет на десять сразу, а папа, чтобы не запить, стал работать по 20 часов в сутки. Мне жить не хотелось, но родных жалко, не могла смотреть, как они страдают. Но почему так? Я же просила у Бога, чтобы он послал мне Его – любимого человека. Так, не понимая смысла жизни, я прожила несколько лет. И вот однажды, я решила, что хватить себя жалеть. Пора жить! И зарегистрировалась на сайте знакомств! Миллионы людей жаждут общения, ищут себя, друзей, вторую половину. А главное, они не знают о моей проблеме, а значит, не будут жалеть, а я не скажу, никому не скажу. Буду общаться, как обычная девушка, нужно – совру, но не скажу.

И с этого момента началась новая страница моей жизни. Я попросила маму сделать мне макияж и сфотографировалась – до пояса. Потом ещё несколько фото, и ещё, и все только так. Закачала свои «шедевры», написала в графе о себе свои стихи и жизнь забурлила. На этом сайте постоянно около двадцати тысяч людей в режиме онлайн. Только успевай отвечать. В целях написала, что жажду общения и дружбы и больше ничего мне не интересно. Всех, кто упорно пытался «лезть в душу», просто отправляла в «игнор». Может быть, я стала немного жестокой, но я ожила. Если бы не сайт, то, наверное, так бы и зачахла. А этот темп общения, коммуникации, голосования – они меня захлестнули с головой.

Так продолжалось около года. У меня появились друзья, с которыми мы даже общались по телефону и скайпу. Но на все предложения встретиться я «была очень занята» или «уезжала на гастроли». Они верили или делали вид, что верили, а мне было этого достаточно. Достаточно до тех пор, пока в этом списке не появился Олег. Он, как-то сразу, начал вызывать у меня какие-то непонятные эмоции. Я начала думать о нём чаще, а врать ему мне было тяжелее, чем всем остальным. А если он не заходил на сайт больше, чем полдня, то я нервничала. Мне, почему-то, захотелось обновить гардероб, сходить в салон красоты, изменить цвет волос. Безумно хотелось услышать его голос, но давать ему номер телефона я боялась.

В очередной переписке он прямо спросил: «я тебе не нравлюсь, поэтому ты не даёшь мне номер?». Я отшутилась какой-то ерундой. А он не успокаивался: «давай встретимся, мне нужно сказать тебе, что-то очень важное». А у меня такой ком в горле стоит, что даже не могу придумать, что соврать. «Ты мне очень нужна...» - и тогда я не выдержала. Я рыдала так громко и так долго, что перепугала маму и всех соседей. А на все вопросы: «что случилось?» не могла сказать ничего внятного. Чуть позже, после нескольких таблеток успокоительного, я уснула, а мама прочитала мою переписку с Олегом. Сама позвонила ему и всё рассказала...

Когда я открыла глаза, то увидела его перед собой с букетом белых роз. Он улыбался, глядя на меня, гладил мою руку и что–то шептал»

Говорят, что нет сильнее мотивации, чем желание жить. А разве жить так, как хочется — это не мотивация? Я знаю, как сложилась судьба этой девушки. У них с Олегом все хорошо. Я не буду говорить о судьбе, о том, встретились бы они, не будь той аварии... Я точно знаю, что они бы не встретились, не скажи она себе однажды: «Хватит!».

Во мне эта история что-то перевернула. Посмотрите и вы, сколько вокруг людей, у которых вы могли бы научиться позитивному образу мышления, целеустремленности и вере в себя и свои силы. Помните, любая цель достижима. Все, что надо сделать - просто идти к ней, просто переставлять ноги в направлении цели. Просто идите к ней, и Вселенная вам поможет.

И ещё, жалеют себя только ничтожества. Это не я сказал, а китайский мудрец, но не согласиться с ним сложно.

Выводы из главы

Теперь, давайте возьмём за правило, подводить выводы ко всему сказанному в каждой главе и давать себе «домашние задание».

- ➤ Гоним дурные мысли, думаем только о хорошем. Каждое утро бегаем по 15 минут.

- ➤ Не накапливаем проблемы, делаем из них задачи и оперативно решаем.

- ➤ Учимся признавать свою неправоту, делать выводы из неудач и искать пути решения.

- ➤ Принимаем витамины, больше гуляем на свежем воздухе, спим по 8 часов в сутки.

- ➤ Утро начинаем со стакана воды. Открытого окна и ритмичной музыки.

- ➤ Перед выходом на улицу, подбираем правильную одежду и обувь.

- ➤ Превращаем мечту в цель, визуализируем её и, не сомневаясь в собственном успехе, с блеском добиваемся.

- ➤ Вводим обязательное правило: никогда себя не жалеть.

- ➤ Приучаемся поощрять себя любимого за каждую маленькую победу.

Теперь домашнее задание (и пока не выполните, к следующей главе не переходите): переберите свой гардероб и приготовьте на завтра одежду и обувь, наиболее подходящую погоде. Всё, что не подходит – в чулан. Проблема, нечего надеть? Старая песня, делайте из проблемы задачу и по СМАРТу её, по СМАРТу.

ГЛАВА 2. ЗЕМЛЯ

«Всегда выбирайте самый трудный путь –
на нём вы не встретите конкурентов»

Шарль де Голь

Земля – это фундаментальная стихия. А, как известно, от качества фундамента, зависит прочность и долговечность всей постройки, а уж что мы будем строить на этом фундаменте – это дело второе.

Земля всегда олицетворяла собой благо и, при грамотном взаимодействии с ней, становилась поддержкой и опорой. Не зря, во все времена к ней припадали грудью, чтобы напитаться силой, а уезжая на чужбину, брали горсть с собой. Земля даёт возможность противостоять злу, она, как и все стихии, оказывает на нас своё особое влияние. Она не способна ни наказывать, ни поощрять, она готова помогать и направлять.

Покорив эту стихию, мы сможем получить полную информацию о том, как достичь своего блага. Научимся управлять собственным временем, правильно питаться, правильно думать. От этих навыков напрямую зависит возможность покорения главной стихии - счастья.

Земля, как и любой материальный объект, имеет свою энергетическую плотность. Если плотность нашего разума окажется меньше плотности земли, то мы будем просто «плавать» на её поверхности, так и не узнав истины. Для полного погружения, необходимо увеличить плотность нашего разума, наполнив его информацией. Классно сказал? Надеюсь, не очень витиевато и сугубо физически, но, наверное, в данной ситуации, физика как раз более точно может выразить необходимые мысли.

Мне часто приходилось видеть людей, которые преодолевая все трудности, покоряли первую стихию и на этом останавливались, думая, что теперь мир им покорился и дальнейшее обучение – пустая трата времени. А потом набивали кучу шишек, пытаясь разобраться, почему ничего не получается дальше. Я не хочу, что бы вы относились к этому числу, и постараюсь максимально ровно и безболезненно провести вас сквозь тернии к звёздам.

Как показывает моя практика, покорение этой стихии наиболее просто поддаётся знакам зодиака, которые ею взращены: Козерогам, Тельцам и Девам. Наверное, звёздные светила наделили представителей этих знаков природными качествами, которые позволяют с лёгкостью преодолевать подобные препятствия: надёжностью, практичностью, последовательностью, трудолюбием, упорством. Всем остальным придётся развиваться и осваивать науку с истоков.

Кстати, а сколько фотографий вы уже сделали? По моим расчётам, на покорении первой стихии должно уйти не менее месяца, поэтому минимум тридцать уже должно быть в вашей коллекции.

2.1. Учимся управлять временем.

Время настолько ценный элемент нашей жизни, что его невозможно оценить деньгами, невозможно купить или продать, нельзя передать по–наследству. Некоторым его настолько не хватает, что буквально всё валится из рук и возникает непреодолимое желание попасть в другое измерение, где в сутках сорок восемь часов, в году семьсот тридцать дней.

Да, мы не можем приумножить время, но мы можем им эффективно управлять. А при эффективном управлении, может оказаться, что его даже слишком много, и всегда найдется пару часов для ещё какого-нибудь занятия.

Управлять временем нужно не только руководителям каких-либо структур, но и обычным обывателям, стремящимся достичь в этой жизни чего-то большего. Почему? А вы посмотрите на вашу жизнь со стороны.

Казалось бы, столько дел и забот, что нет времени даже присесть и отдохнуть, но так ли это на самом деле? А может, мы просто бежим сразу в нескольких направлениях, бездумно тратя бесценные минуты, которые могли бы провести с пользой, действуй мы строго по заранее сформулированному плану.

Давайте проведём эксперимент: возьмите листок бумаги, ручку и распишите всё, что сделали вчера, поминутно. Тщательно проанализируйте все действия и посчитайте, сколько в итоге времени было потрачено. Если вы всё честно прописали, то окажется в сумме, не более четырёх – пяти часов, а кто украл у вас остальное время? А успели ли вы сделать всё, что хотели? Нет, конечно. Мне даже не нужно знать, что вы там хотели, я и так знаю, что не хватило. Откуда знаю? Это проведение. Шутка!

Расскажу подробнее. Для того чтобы начать управлять своим временем, необходимо его планировать. Да, на планирование тоже уходит время, но тщательно продумав план действий на день, можно не просто успеть всё, а ещё и сэкономить. И если бы кто-то из вас планировал своё время, то листок бумаги не понадобился бы, вы просто достали ежедневник и сразу выдали весь список дел за вчерашний день.

Ни один мировой деятель не достиг бы успеха, если бы не планировал разумно своё время. Когда всё идёт по плану, нет места нервам и стрессам, человек излучает спокойствие, а любая форс-мажорная ситуация решается обычной записью в ежедневнике, где можно либо совместить несколько дел одновременно, либо сдвинуть что-то на несколько часов. Могут ли быть авралы при таком подходе? Конечно, могут, мы не сможем их полностью исключить, но мы сможем свести их вероятность к минимуму.

Для начала планирования необходимо составить список задач, установить цели и расставить приоритеты. Стивен Кови, о книгах которого мы уже говорили, предлагает устанавливать приоритетность всех задач, используя простую таблицу по принципу Эйзенхауэра, который использует два критерия для организации времени: «Важно» и «Срочно»:

	Срочные дела	Несрочные дела
Главные дела	**I.** • Кризисы • Неотложные проблемы • Проекты, встречи с конкретным сроком завершения	**II.** • Подготовка • Профилактика • Уточнение важности • Планирование • Знакомства • Досуг • Наделение полномочиями
Второстепенные дела	**III.** • Отвлекающие факторы, телефонные звонки • Некоторая почта, некоторые отчеты • Некоторые встречи • Многие ближайшие и неотложные дела • Многие из распространенных дел	**IV.** • Всякие пустяки и дела, выполняемые, чтобы занять себя • Некоторые телефонные звонки • «Дела» с целью оторваться от текучки • Маловажные почтовые сообщения • Чрезмерно большое время, отводимое на телевизор

Мы просто разбиваем все необходимые дела на важные и неважные, а также срочные и несрочные. А потом планируем так, чтобы сначала выполнить все важные и срочные дела, потом неважные и срочные, после важные и несрочные, а в самом конце не важные и несрочные. Таким образом, ничего не будет упущено и приоритетность окажется на высшем уровне.

Никогда не пытайтесь держать в голове все ваши задачи, обязательно что-нибудь упустите или забудете. В мире современных технологий достаточно. Как бумажных, так и электронных помощников (обобщенно назовем их «склерозники»), которые выполняют функцию личного секретаря, вовремя напоминают, заранее просчитывают, только, разве что, кофе не приносят.

Никогда не позволяйте делам, которые не относятся к категории «важно», занимать львиную долю вашего времени. Отвлекаясь на второстепенное, вы воруете у себя драгоценное время. Второстепенные вещи вообще лучше делегировать кому-нибудь, например, домочадцам или помощникам по–бизнесу. В конце концов, вы всегда можете нанять фрилансера или домработницу, если речь идет о домашних делах, для выполнения несложных, но занимающих много времени рутинных дел. Скажите: «дорого!». Попробуйте посчитать стоимость одного часа вашей работы. И вся работа, на которую вы можете нанять человека, дешевле, чем вы можете заработать за это время, должна быть делегирована.

После этого, составив «меню задач», вы, как опытный шеф повар, должны понимать, «какие блюда, будут готовиться одновременно». Например, если вы собираетесь сварить макароны и почистить картофель, то, вполне логично, сначала поставить вариться макароны, а в это время заниматься чисткой. Тогда, к моменту готовности макарон и картофель будет почищен. Два блюда готовы одновременно.

Ещё один немаловажный принцип планирования впервые озвучил Вильфредо Парето в 1897 году: «двадцать процентов усилий должны приносить восемьдесят процентов результата».

Исходя из этого принципа:

> 20% преступников совершают 80% всех преступлений;

> 20% себестоимости товаров влияют на 80% конечной стоимости;

> 20% покупателей определяют 80% прибыли;

> 20% жителей планеты владеют 80% богатств земли;

> 20% источников информации необходимы для получения 80% необходимых знаний;

> 20% рабочего времени должны обеспечить 80% эффективного труда.

С этим, надеюсь, понятно. Теперь о глобальном планировании. Бэнджамин Франклин для такого планирования использовал принцип египетской пирамиды:

В её основе лежат фундаментальные жизненные цели, на которые блоками выставляются менее глобальные планы и так до ежедневных работ. Составляя такую пирамиду от основания, потом, можно с лёгкостью понять, как на ежедневной основе достичь основной жизненной цели.

Основная ошибка, которую совершают многие – это вовлечение в процесс, забывая о результате. Запомните: процесс – это инструмент для достижения цели, нельзя ставить инструмент во главу. Главное – это результат, иначе никому уже не будет интересно, какими там процессами вы занимались, если цель не достигнута. Даже если они были правильными, но, ни к чему не привели, то грош им цена в базарный день.

Поэтому, возьмите себе за правило не ложиться спать до тех пор, пока не распланируете следующий день. Не откладывайте это мероприятие на завтра, на утро, на потом. Потом уже не существует. Живите по принципу: «здесь и сейчас» и тогда время покорится, а вселенная раздвинет свои границы для вашей победы.

Я ещё хотел рассказать вам о прокрастинации — это так в психологии называют откладывание дел на потом, которое приводит к каким-либо болезненным психологическим эффектам. Но потом подумал и решил отложить это на потом! Извините, не смог удержаться от каламбура…. На самом деле решил, что лучше не стоит Вас путать терминами и причинами откладывания дел, т.к. человек, который действительно хочет изменить свою жизнь, вряд ли начнёт прокрастинировать задачи, ибо понимает, что это не есть хорошо.

2.2. Взбодрим дух через тело.

Как уже обещал раньше, обязательно посвящу один раздел правильному образу жизни. Ни в коем случае, не собираюсь рассказывать о вреде курения, алкоголя и наркотиков на организм человека, т.к. самоубийство — дело добровольное. А поговорить хочу о том, как избавиться от «букета» болячек, стать стройнее, где взять силы и энергию и вообще перестать есть таблетки на завтрак, обед и ужин.

Для начала поговорим о питании. Правильное питание залог не только красивой фигуры, но и отличного здоровья. По сути, если уж говорить о фигуре и весе, то парадокс правильного питания в том, что, питаясь правильно, хотите вы того или нет, ваш вес придет в норму, т.к. избыточный или недостаточный вес сам по себе — это отклонение от нормы.

Основной вопрос, интересующий многих: можно ли стать стройнее лёжа на диване при правильном питании. Мой ответ — нет. Лёжа на диване можно заработать только геморрой и пролежни, а привести себя в божеский вид можно только путём кропотливого труда и постоянной работы над собой.

Когда у Майи Плисецкой спросили о секрете её стройности, она без церемоний ответила: «меньше жрать и больше двигаться». И я с ней абсолютно согласен. Наше тело подчиняется законам термодинамики, согласно которым, энергетическая ценность питания должна соответствовать энергетическим затратам организма. Т.е., чтобы просто держать себя в форме, необходимо тратить столько калорий, сколько съели. А если хотим похудеть, то тратить больше, чем съели. Ну, и много вы собрались потратить калорий, лёжа на диване?

Сейчас чересчур много говорят о сбалансированном питании, которое включает оптимальный набор белков, жиров и углеводов, но что мы вообще о них знаем и для чего они нам нужны? Нужны, важны - начать я хочу, не с них.

2.2.1. Вода, как источник здоровья

Начнём с основного – с воды. Сколько воды вы выпиваете за день? Не берём в расчёт ни супы, ни чаи, считаем именно воду, причём негазированную? Стакан – два и то, если жарко. А для нормальной работы организма необходимо минимум 1,5 – 2,5 литра в сутки. Причём, равномерно распределённые в течение всего дня. Зачем так много?

Давайте вспоминать школьный курс биологии и химии. Организм человека на две трети состоит из воды. Человеческий организм в сутки выделяет полтора литра жидкости через почки, пол литра с потом и практически столько же через дыхание и кишечник. Вот они, два литра, и их необходимо восполнить. Поскольку вода – это отличный сильнополярный растворитель, то для неё не проблема проникнуть во все клетки и напитать их живительной влагой.

Соответственно, чем её больше, тем быстрее доставляются питательные вещества, восстанавливается энергетический запас, выводятся токсины (продукт биохимических реакций) и проходит регенерация клеток. Если вы собрались бороться с жировыми отложениями, которые накопили в себе токсические вещества, то вода поспособствует их выведению из организма и не допустит концентрации.

Активно борясь с лишним весом, вы невольно становитесь инициатором сгущения крови и биологических жидкостей в желчном и мочевом пузырях, а также в почках. Поэтому, весь этот концентрат со временем превращается в камни, а система детоксикации организма начинает не справляться со своими функциями. И, на выходе, мы получаем вместо здоровья – ещё один «букет» болячек.

Недостаток воды сказывается и на работе нервной системы, умственной активности, физическом состоянии и стрессоустойчивости. Я думаю, на этом хватит ужасов, теперь всем абсолютно понятно, что воду пить необходимо. Давайте подробнее о том, как её пить.

Когда мы говорим о воде, то понимаем под этим понятием чистую негазированную воду, а не соки, чаи, напитки, компоты и прочую сахаросодержащую вкуснятину. Пару стаканов, возьмите за правило, выпивать утром натощак. А остальную - равномерно распределите, в течение дня. Не стоит напиваться на сон грядущий, т.к. почки не железные и с такой нагрузкой вряд ли справятся, а свой протест выразят в виде «мешков» под глазами, отёчного лица – это в лучшем случае. Вода может быть как холодной, так и горячей, я бы даже рекомендовал чередовать температурные режимы для дополнительной встряски организма и сжигания нескольких лишних калорий.

При жутком позыве что-нибудь съесть – выпейте стакан воды. Во-первых, потом меньше съедите, во-вторых, после еды всё равно пить нельзя ещё около часа. И не спрашивайте: «почему?». Вредно потому что!

С водой, думаю, достаточно. Этот урок мы усвоили на отлично: лучше пить воду, чем лекарства.

2.2.2. Белки, строители организма.

Белки – это сложные органические соединения аминокислот, выполняющие функцию строительных элементов организма. Без них не обходится ни один процесс построения клеток, тканей, органов. Без них не формируется иммунитет, не образуются гормоны и гемоглобин, не усваиваются углеводы, жиры, витамины. Достаточное наличие белка усиливает метаболизм, не допускает нарушения работы желез внутренней секреции. К тому же, не допускает ослабления умственной деятельности и контролирует состав крови.

Белок не является источником энергии, поэтому любители белковых диет должны это осознавать в полной мере. Как я уже говорил, белок – это набор аминокислот, причём двух видов: незаменимые аминокислоты типа лизина, триптофана, валина и т.д. (которые сами не синтезируются и должны поступать с продуктами питания) и заменимые аминокислоты, например, аргинин, алан, тирозин – эти могут синтезироваться самостоятельно из разных аминокислот. Так вот в зависимости от набора этих аминокислот белки и разделяют на полноценные и неполноценные. Полноценные (имеют в своём составе восемь незаменимых аминокислот) содержатся в молочных продуктах, мясе, рыбе, яйцах. Их употребление очень важно, поэтому огромный привет вегетарианцам. Не хочу я прочитать вашу амбулаторную карточку через пару лет. Вся растительная пища содержит неполноценные белки, они, безусловно, тоже нужны, но не могут заменить полноценные.

Когда мы заводим разговор о рациональном питании, то подразумеваем синергию растительных и животных продуктов, которые помогают сбалансировать аминокислоты в организме. Но и налегать на одни белки тоже нельзя, потому что почки с печенью не справятся с продуктами распада белка (помните запах тухлых яиц) и вся эта гнилостная масса будет бродить по пищеварительному аппарату, вызывая, мягко говоря, дискомфортные ощущения.

Теперь обратная сторона медали в подробностях. Что вызывает недостаток белка:

➢ Выпадение (полное или частичное) волос;

➢ Хроническую (до потери сознания) усталость;

➢ Гормональные сбои организма;

➢ Резкий набор веса с пагубной тягой к сладкому;

➢ Потерю (полную или частичную) мышечной массы;

➢ Дряблость кожи и сосудов;

➢ Торможение детского развития.

➢ Говоря о нормах потребления белка, можно выделить три варианта:

➢ Обычный нормальный человек: 1 грамм на 1 килограмм массы тела;

➢ Человек, придерживающийся диеты (с физическими нагрузками до трёх раз в неделю): 1,2 грамма на 1 килограмм массы тела;

➢ Активно занимающийся спортом (практически каждый день): 1,6 грамм на 1 килограмм массы тела;

➤ Норма мужчин на 20% выше женской нормы.

Теперь мы разобрались и с белками. Главное, что усвоили основное: нет белка в рационе – плохо, много белка в рационе – плохо. Поэтому работаем над балансом и переходим к источникам энергии.

2.2.3. Углеводы, источник энергии организма.

Углеводы – органические соединения, состоящие из углерода, кислорода и водорода. Делятся на простые и сложные. К простым относятся: глюкоза, фруктоза, сахароза, мальтоза и прочие сладости, которые так приятно употреблять, а потом не влезать ни в один гардероб. А к сложным – гликоген, клетчатка, крахмал, целлюлоза – не очень любимы, но невероятно полезные.

Все углеводы являются источником энергии для организма, но не все способны давать правильную энергию. Простые углеводы (моносахариды) способны быстро насытить кровь глюкозой, создать иллюзию сытости, отложиться в самых неподходящих местах (талия, бёдра, живот) и через полчаса снова требовать повторения банкета. Сложные углеводы (полисахариды) способны поддерживать энергетический баланс длительное время, при этом ускорять обмен веществ, частично перевариваться в организме и не откладываться в неподходящих местах.

Для того чтобы употреблять правильные углеводы, необходимо исключить из рациона сахар, кондитерские и мучные изделия, сладкие напитки, мороженное, заменив их на фрукты, овощи, каши и морские водоросли.

Недостаток углеводов в организме может привести к нарушению обмена жиров и белков. В крови начнут накапливаться токсичные продукты окисления жиров и аминокислот, что приведёт к постоянной головной боли, тошноте, потливости, тремору, головокружению и обморокам. Так что, начиная испытывать чувство голода, не стоит хвататься за шоколадный батончик, лучше съесть яблоко с йогуртом.

А вот от избытка углеводов, наступает ожирение. Легкоусвояемые моносахариды – это первый шаг к сахарному диабету, истощению клеток поджелудочной железы и прочей гадости, которая превращает жизнь нормального человека в ад.

Самый быстрый и эффективный способ ускорить обмен веществ в организме и заставить подкожный жир «покинуть» наше тело – это ввести в рацион на постоянной основе морскую капусту. Да, понимаю, не все её любят, но красота и здоровье дороже. 300 – 400 грамм ежедневно и через месяц можно будет менять гардероб. При этом не стоит пренебрегать продуктами, богатыми на клетчатку, которая попадая в желудок, разбухает, создавая ощущение сытости, фрукты, содержащие серотонин – гормон счастья.

А вот список тех, кому стоит сказать: «прощай», раз и навсегда:

- ➢ Макароны;
- ➢ Белый хлеб;
- ➢ Сахар;
- ➢ Торты;
- ➢ Конфеты;
- ➢ Шоколадные батончики;
- ➢ Сладкие газированные напитки;
- ➢ Чипсы;
- ➢ Соки (кроме свежевыжатых);
- ➢ Мороженное.

Может быть о «раз и навсегда» я погорячился, например, в качестве поощрения за очередную достигнутую цель, можно позволить себе что-нибудь из списка раз в год, но в очень маленьких количествах. И уж точно исключить все это из ежедневного рациона.

2.2.4. Жиры, защитный экран организма.

Жиры - они же липиды - являются важной и неотъемлемой частью организма. К основным их функциям можно отнести: формирование защитных оболочек внутренних органов, замедление процесса старения организма, противостояние радиации. Для того чтобы наше сердце, печень, почки не приходилось искать по всему организму, природа надёжно закрепила их с помощью жировых оболочек, поместив в некие жировые мешочки, которые не только надёжно фиксируют, но и защищают от переохлаждения и повреждения. При недостаточном количестве липидов в организме, возникает такое заболевание, как опущение органов, особенно этому подвержены почки, поэтому резкие похудения – это катастрофа для внутренних органов.

Наш головной мозг, как бы странно это не казалось, состоит на половину из жира. Именно поэтому дистрофики плохо соображают, плохо спят и вообще нервные и неуравновешенные. Клетки головного мозга постоянно растут, а для этого им необходим жир. Нет жира – нет роста. Организм перестаёт омолаживаться и наступает процесс старения. Регенеративные процессы останавливаются и вместо того, чтобы в тридцать выглядеть на двадцать пять, вы начинаете выглядеть на сорок. При этом кожа теряет эластичность, появляются глубокие морщины и какой смысл в таком похудении?

Теперь о взаимодействии с витаминами. Все мы знаем о жирорастворимых витаминах (A, D,K,E), которые не усваиваются без липидов. А при их отсутствии просто выводятся из организма. А их роль, на секундочку, одна из важнейших:

> ➢ A – отвечает за иммунную и эндокринную системы;

> ➢ D - формирует костную ткань;

> ➢ K - влияет на состав крови и костной ткани;

> ➢ E - обеспечивает омоложение и рост организма.

А ещё, жиры участвуют в выработке гормонов. А не мне вам рассказывать, что происходит с весом при гормональном нарушении. Так что лишний раз подумайте, стоит ли исключать жиры из рациона и не приведёт ли это к обратной реакции.

2.2.5. Витамины и микроэлементы

Я долго думал, что именно рассказать о витаминах и микроэлементах так, чтобы не засорять мозг, но и донести ценность информации, а потом решил кратко охарактеризовать только основные, не углубляясь в химические и медицинские, термины.

➢ Витамин A (ретинол). Отвечает за рост человека, обеспечивает рост эпителиальных клеток, улучшая состояние кожи, повышает способность сопротивляться инфекциям, входит в состав пигментов сетчатки глаза, регулирующих адаптацию глаза в тёмное время суток.

➢ Витамин B1 (тиамин). Предохраняет от заболеваний полиневритом, улучшает функции нервной системы, регулирует углеводный и аминокислотный обмен, обеспечивает нормальную деятельность центральной нервной системы.

➢ Витамин B2 (рибофлавин). Обеспечивает развитие и регенерацию клеток, ускоряет реакции окисления в организме, участвует в обмене белков, жиров и углеводов. Входит в состав зрительного пурпура, который защищает сетчатку глаза от УФ лучей.

➢ Витамин B3 (пантотеновая кислота). Основной компонент ферментов, участвующий в липидном обмене. Недостаток приводит к онемению конечностей.

➢ Витамин B6 (пиридоксин). Основной участник аминокислотного обмена, жизненно необходим для грудных детей (особенно искусственников), беременных женщин, больных полиартритом, атеросклерозом и всех разновидностей болезни печени.

➢ Витамин B9 (фолиевая кислота). Участвует во всех ферментных реакциях организма, катализирует биосинтез пуриновых оснований (это компонент нуклеиновых кислот), отвечает за нормальный рост детей, улучшает работу пищеварительного тракта, отвечает за процесс кровообразования.

➢ Витамин B12 (цианкобаламин). Способствует быстрому свёртыванию крови, катализирует синтез аминокислот, влияет на функции печени, пищеварительной и нервной систем.

➢ Витамин C (аскорбиновая кислота). Повышает защитные функции, противостоит заболеваниям дыхательных путей, стимулирует работу эндокринной железы, нормализует эластичность сосудов, противостоит возникновению канцерогенов.

➢ **Витамин D** (кальциферол). Регулирует кальциево-фосфорный обмен, борется с рахитом, улучшает минерализацию костей.

➢ **Витамин Е** (токоферол). Восстанавливает детородные функции, отвечает за развитие плода, ингибирует окисление витамина А, выводит свободные радикалы, позволяет дышать тканям, тормозит процесс старения организма, повышает потенцию, способствует заживлению ран.

➢ **Витамин Н** (биотин). Противостоит возникновению дерматита кожи и нарушения нервной системы.

➢ **Витамин РР** (никотиновая кислота). Регулирует нервную деятельность и функции пищеварения, способствует заживлению ран, борется с заболеваниями пеллагры и атеросклероза.

➢ **Железо.** Основной компонент гемоглобина, способствующий кроветворению, предостерегающий от развития анемии.

➢ **Йод.** Основной компонент для бесперебойной работы щитовидной железы.

➢ **Калий.** Основной регулятор кислотно–щелочного равновесия крови, активизирует мышечную работу сердца, нормализует давление крови.

➢ **Кальций.** Это основа костной ткани, поддерживает ионное равновесие в организме, улучшает свёртываемость крови, стабилизирует работу мышечной, нервной, и сердечно-сосудистой систем.

➢ **Магний.** Основной энергетический обменщик, снабжает кровью сердечную мышцу, участвует в формировании костей.

➢ Фосфор. Входит в состав нуклеиновых кислот и костной ткани, является аккумулятором энергии, отвечает за умственную деятельность, а также работу почек и сердца.

Я думаю, что теперь, всё стало предельно ясно и понятно, особенно необходимость 3-4 раза в год пропивать курсом полный набор витаминов и микроэлементов.

2.2.6. Общие рекомендации.

Теперь, когда в мелочах разобрались, давайте обобщим все рекомендации и составим краткую инструкцию, которая даст ответ на вопрос: «что такое хорошо и что такое плохо».

Итак, берём себе за основу:

➢ Во что бы то ни стало выпивать минимум 1,5 литра воды в день.

➢ Исключаем из своего рациона жареное, копчёное, солёное, сладкое, жирное, мучное.

➢ Запрещаем себе есть после 18.00. И это не для похудания, просто спать с полным желудком крайне вредно.

➢ Обязательно завтракаем (только не булкой с маслом).

➢ Больше двигаемся: танцевальная студия, тренажерный зал, утренние пробежки, пешие прогулки, плаванье – всё подойдёт.

➢ Включаем в рацион больше фруктов и овощей, рыбы и морепродуктов, молочных изделий и нежирного мяса.

➢ Едим по не многу, но часто: сокращаем порции в два раза, но увеличиваем приёмы пищи до 5-6 раз в день. Опять же принято считать, что это способ сбросить вес. Нет. Это способ правильно питаться и не иметь проблем со здоровьем.

➢ Бросаем алкоголь, совсем – не потому что вредно и бла-бла-бла, а потому что в любом алкоголе такое количество сахаров, что все усилия насмарку. А самое главное, кто и что бы там ни говорил, но алкоголь - это яд. И не верьте рекламе и статьям о пользе малых доз! Это я вам говорю, как человек, который работает в рекламе и маркетинге.

➢ Запрещаем себе есть перед телевизором, не отвлекайте мозг от главного. За вашими сериалами он забудет сказать вам, когда уже наелся. Да и вообще, смотреть телевизор не надо.

➢ Больше бываем на свежем воздухе.

➢ Общаемся только с приятными людьми.

➢ Слушаем музыку. Об этом мы подробнее поговорим в следующем разделе.

2.3. Музыка спасёт мир.

Мы с вами уже говорили о том, как музыка помогает просыпаться, стимулирует при физических нагрузках, создаёт релаксирующий эффект при работе с подсознанием. Теперь давайте разберемся, почему так и для чего она вообще нам нужна.

Ещё с незапамятных времён учёные выделяли три направления, по которым музыка влияла на человека:

➢ Непосредственно на физическое тело;

➢ Глубоко на духовную сущность личности;

➢ На интеллектуальные способности.

Благодаря музыке успокаивали печали, усиливали радость, смягчали боль и изгоняли болезни. Существовало даже направление музыкотерапии, которым лечили душевные и физические недуги. Знаменитый Эскулап, громкими звуками трубы лечил радикулит и сумасшествие. Авиценна назначал музыку, как дополнение к диетам и лекарствам. Человеческий организм является частью вселенной и, с помощью мелодии, его можно настроить как музыкальный инструмент, возвращая духовное и физическое здоровье.

Древние египтяне, благодаря хоровому пению, лечили от бессонницы и головной боли. Древние китайцы просто выписывали мелодии по рецепту, полагая, что они излечат от всех недугов. Пифагор настаивал на использовании музыки против приступов гнева и ярости. Платон настаивал на воссоединение с Вселенной, благодаря специальным звукам.

Древние Русичи использовали колокольный звон для лечения болезней суставов, головной боли, а также колдовских недугов: сглаз, порча и пр. А современные учёные доказали, что колокольный звон, обладая УЗ и резонансным излучением, вообще способен уничтожать вирусы.

Начиная с девятнадцатого столетия, учёные умы человечества начали проводить исследования, доказывая благотворное воздействие музыки на любые живые организмы. Это с тех пор коровам включают классику для увеличения надоев. Результаты экспериментов приумножались, и все они подтверждали, что музыка является мощным источником энергии, который при правильной подаче может приносить благо, а может и вред.

Робберт Шофлер считается создателем музыкальной фармакологии. Для любого недуга, у него есть список произведений, которые он назначает своим пациентам. Например, симфонии Чайковского и увертюры Моцарта, позволяют ускорить процесс выздоровления на любой стадии заболевания.

Самаркандские учёные для улучшения кровообращения рекомендуют слушать звуки флейты и кларнета. А понижать кровяное давление под тихие мелодии струнных инструментов.

Французы пошли ещё дальше и замахнулись на лечение алкоголизма музыкой Равеля, а шизофрении – музыкой Генделя.

До сих пор неоспоримым остаётся факт благотворного влияния классической музыки на беременных женщин: формируется костная структура плода, ускоряется физическое развитие, плод ведёт себя спокойно и уравновешенно. Особенно рекомендуются произведения Моцарта, которые, благодаря своим вибрациям, оказывают положительный эффект на весь организм матери. Кстати, музыка Моцарта повышает коэффициент интеллектуальности на восемь – девять единиц, а лирика Чайковского, Шопена и Листа помогает превозмочь боль, добавляет внутренней стойкости и уверенности в себе.

Но музыка может и навредить человеку, сделав из него деградированную особь низшего сорта. Рок, рэп, поп музыка, с ритмом около ста пятидесяти ударов в минуту, попадают в частоту «шаманов», которые способны вводить в состояние глубокого транса и даже комы.

Развитие ребёнка начинается ещё в утробе матери, и уже там закладывается духовное развитие. В этот период звуки способны развивать эмоциональную отзывчивость, налаживать связь с внешним миром. Классическая музыка действует укрепляюще на нейтроны головного мозга, закрепляет связь между полушариями, тем самым способствуя развитию умственных способностей и предрасположенности к изучению иностранных языков. А регулярное прослушивание «Времён года» Вивальди улучшает память, развивает творческие способности, внимание, интеллект, раскрывает потенциал, коммуникабельные способности и грамотную речь.

Музыкой лечат ревматизм, острую физическую боль. На звуки классики реагируют дельфины и акулы, даже цветы быстрее распускаются при звуке классики.

А главное, что от звуков музыки, способна структурироваться вода: симфонии Моцарта создают в ней красивые кристаллы, а тяжёлый рок — рваные осколки.

В любом случае, музыка задаёт настроение. Согласен, что не всегда душа тянется к классической музыке, иногда хочется и танцевальные мотивы послушать, и это тоже правильно. Для создания правильного настроения слушайте любимую музыку, когда душа поёт, то и на сердце легче, а с лёгким сердцем любые сложности нипочём.

2.4. Кому «утрём нос»?

Этот раздел я специально внёс в книгу, чтобы немного пофилософствовать и рассказать несколько историй из жизни, чтобы вы могли чётко представить себе картину как обычные люди, желая доказать своему окружению, что они могут гораздо больше, добивались огромных успехов. Некоторых из этих людей я знаю лично, о некоторых мне рассказали мои друзья, но каждый из них доказывает, что желание доказать что-то кому-то, может сворачивать горы.

Первая история – это практически жизненный урок, как можно взять себя в руки в любой ситуации и идти по жизни с высоко поднятой головой.

Рассказывает генеральный директор одного из рекламных агентств города Москвы, входящего в ТОП 20 крупнейших агентств столицы, Ольга.

«Я родилась в небольшой деревушке на севере Кубани в семье с небольшим достатком. Третий ребёнок, долгожданная девочка (у меня два старших брата). Мама занималась хозяйством, у нас большой огород, много скотины, работа с четырёх утра и до десяти вечера. Отец, до сих пор, считается лучшим сварщиком округи. У нас никогда не было много денег, но голодными мы тоже не ходили. Сколько себя помню, я всегда помогала маме, особенно, когда братья стали создавать свои семьи и уезжать в город.

Я в сельской школе училась хорошо, мечтала, что поступлю в МГИМО, с моими-то данными, но оказалось, что для поступления, уровня сельской школы очень мало. И вот, я, семнадцатилетняя девочка, одна в Москве, стою перед выбором: вернуться в деревню или остаться тут. Возвращаться мне очень не хотелось, мама дала кое-какие деньги, и этого вполне хватило на аренду комнаты месяцев на пять.

Я начала искать работу. Кроме официантки в кафе, больше не нашла ничего, но и этому тогда была рада. Работала с шести вечера до пяти утра. Но мне, деревенской, это было не сложно, я привыкшая к тяжёлой работе. Директор кафе как-то рассказал, что его племянница ходит на курсы для поступления при «Бауманке», я как узнала, так и бежала туда быстрее метро. Вся красная, запыхавшаяся, влетела, даже не узнала, на какую специальность готовят, а когда узнала, то менять было уже поздно. Утром учусь, вечером работаю, чтобы курсы оплатить и так целый год, а следующим августом я уже была зачислена на первый курс МГТУ им. Баумана на непонятную специальность «менеджмент». Стало чуть легче, жить можно в общежитии, а подрабатывать уже на собственные нужды. Мне, как отличнице, даже стипендию платили.

А на втором курсе я встретила свою первую любовь. Только это я встретила, а он, коренной москвич, профессорский внук, даже не смотрел в мою сторону. Да это и понятно, от моего деревенского вида даже подруги по общежитию смеялись. Помню, ревела в подушку постоянно, как увижу его, так и реву.

Так до четвёртого курса и проревела, а потом попала на производственную практику в компанию, которая занималась рекламой. Пришла, всего боюсь, ничего не умею, но хватаюсь за любое поручение. Мне, наверное, сказали бы полы мыть, я бы и это делала.

А ближе к концу практики у них намечалась какая-то серьёзная разработка для американской компании, работы много, рук не хватает, и мне предложили поработать летом на каникулах. Зарплата мизерная, но опыт колоссальный. Я, не задумываясь, согласилась. К концу лета проект был готов, в моих услугах больше не нуждались, и я вернулась в свою обычную жизнь.

Пятый курс, подготовка диплома, опять он, опять реву, с меня уже весь поток смеётся, тошно было так, что хотелось всё бросить и уехать домой к маме. Однажды, за такими мыслями меня застал мой научный руководитель. Мы долго пили чай, я взахлёб рассказывала о своих детских проблемах, а он, почему-то только улыбался. Потом куда-то позвонил и меня в тот же день отправили писать диплом в туже компанию, где я проходила практику. Не знаю, возможно, он решил, что это поможет моему душевному горю.

Но мне действительно стало легче, я не видела ЕГО, а только постигала секреты рекламного бизнеса. Ближе к защите диплома мне предложили должность менеджера в этой компании, я была так счастлива, что на некоторое время забыла о своей душевной трагедии. На некоторое, пока не узнала, что ОН женится, на моей сокурснице. А дальше я не помню, всё как в тумане, не помню даже как решилась подойти и поговорить, не помню даже ответ, но точно помню, что там было слово «колхозница».

Открыла глаза в больнице. Как туда попала, не знаю. Возле моей кровати сидела пожилая медсестра, которая чуть позже, когда узнала мою историю, сказала мне всего одну фразу: «Может он и прав? А если нет, то докажи ему обратное». И ушла, а меня как током прошибло. И я решила, что докажу, во чтобы то не стало, докажу и ему, и себе.

Через неделю, я уже была с дипломом на руках, на новом рабочем месте менеджера. Работала с таким энтузиазмом и старанием, что через полгода пошла на повышение. Смогла позволить себе сменить деревенский гардероб и регулярно посещать салон красоты. Ещё через год я стала руководителем отдела. А ещё через восемь – генеральным директором. Теперь у меня своя квартира, машина, я появляюсь на страницах журналов, даю интервью на телевидении. Меня даже мама иногда не узнаёт, настолько я изменилась.

А буквально с полгода назад, ко мне на работу пришёл устраиваться претендент на должность ведущего маркетолога – ОН. Я увидела и даже не поверила глазам, настолько он изменился и далеко не в лучшую сторону. Его пригласили ко мне в кабинет, он не узнал меня, а я устроила допрос с пристрастием, из которого узнала, что он уже дважды разведён, имеет троих детей, живёт на съёмной квартире, т.к. после двух разводов, имущества у него не осталось. Дед – профессор давно умер, и не нашлось желающих опекать его нерадивого внука. Вот ищет работу, потому что с прошлой его попросили, наверное, специалист хороший. И я смотрю на него и думаю: «и этому жалкому человеку я столько лет что-то доказывала?». Так противно стало.

Может быть, это жестоко с моей стороны, но формулировка моего отказа звучала следующим образом: «мы не можем принять вас на данную должность, потому что с таким колхозным видом, нужно сидеть дома!» Он всё понял, узнал меня, ушёл, ни сказав ни слова. А у меня камень с плеч упал, теперь могу и личной жизнью заняться».

Я потом спрашивала у Оли, мол, не хотелось ничего высказать, ведь такая возможность представилась? Но Бог наделяет женщин мудростью, и Оля ответила: «да, нужно было поблагодарить за стимул и мотивацию, но слов не подобрала».

А следующую историю, мне рассказал мой друг, живущий и работающий в Нью-Йорке. Эта история его пациентки, которая давно мечтала завести ребёнка, но никак не могла.

«Лесли выросла в благополучной семье. Мама – менеджер в крупной компании, отец – успешный финансист. С самого детства у девочки не было ни в чём отказа. Казалось бы, счастливая американская семья. Только немного повзрослев, она начала замечать, что мама часто плачет вечерами, а папа постоянно куда-то уходит, потом возвращается и от него пахнет спиртным. Это было не часто, но ситуация повторялась, и уже было невозможно не обратить внимания.

На все расспросы мама отшучивалась, говоря, что: «тебе показалось, всё хорошо». Однажды за ужином Лесли спросила у родителей, почему у неё нет брата или сестры. Папа, молча, встал из-за стола и ушёл, а мама опять заплакала. Больше девочка не задавала подобных вопросов.

Ситуация стала понятной, когда маму ночью увезла скорая помощь. Перепуганные детские глаза заметил доктор и тихонько сказал: «не переживай, с мамой всё будет хорошо».

Мама провела в больнице несколько недель, а Лесли отправили пожить к бабушке, которая посчитала, что в двенадцать лет, уже можно сказать ребёнку правду. Оказалось, что мама не первый раз попадает в больницу: это уже четвёртый срыв беременности и на этот раз врачи окончательно запретили всяческие попытки завести ребёнка. Первые роды были очень тяжёлые, поэтому теперь шансов нет.

Вся эта история настолько поразила и испугала двенадцатилетнего ребёнка, что в сознании родилась навязчивая идея вместе с чувством вины:

1) это из-за меня у мамы больше не может быть детей;

2) я тоже не смогу родить ребёнка.

Шли годы, казалось бы, давно пора всё забыть. Лесли уже замужем, очень счастлива, но она никак не может забеременеть. Физически – нет никаких патологий, а психологически – стоит запрет. Подсознание блокирует функции детородных органов, заставляя их быть невостребованными.

Наверное, мой друг долго бы искал физиологические причины проблемы, если бы не расспросил Лесли о её детстве и родителях. А, выслушав, произнёс: «я не смогу Вам помочь, физически, Вы абсолютно здоровы. Победите свой детский и совершенно необоснованный страх и проблема решиться сама собой»

Лесли молча, выслушала и ушла. А через два месяца пришла с сияющим лицом сдавать анализы – срок две недели. Конечно, доктор не удержался, чтобы не узнать подробности такой перемены. А оказалось, что просто в жизни нет ничего не возможного.

И вот, что рассказала девушка: «я вышла от вас, как под гипнозом. Всё шла и думала, пыталась вспомнить свои детские переживания и эмоции, которые тогда испытала. Даже не заметила, как прошла пешком миль десять. А потом решила заключить с собой пари. Нужно поговорить с мамой, и, если она скажет, что не держит на меня зла, значит, завожу ребёнка, если, пусть не скажет, но даст понять обратное – забуду об этом навсегда.

Когда вывалила на маму всю историю моих проблем, переживаний, детских воспоминаний – она только улыбнулась. На лице не было ни капли злости – она на меня действительно не сердится, я была в этом уверена. В тот момент появилось такое чувство, как будто из меня вытащили какой-то предмет. И я даже дышать стала по-другому. И всё, а результат, Вам, доктор, известен»

Теперь Лесли – мама прекрасного карапуза и очень счастлива»

В этой жизни кто-то стремиться что-то доказать окружающим, а кто-то самому себе. И не важно, какая мотивация сильнее, главное, что она есть. Возможно – это и не лучший вариант доказывать, но зато очень действенный. А мы с вами кому будем доказывать, что мы можем все?

2.5. Учимся думать правильно.

Все наши мысли имеют способность материализоваться. Как положительные, так и отрицательные. Поэтому, насколько мы правильно думаем, напрямую зависит то, что с нами происходит. Я специально выделил целый раздел этой теме. Мы уже говорили о позитивном настрое, но как правильно формулировать мысли? Это тоже наука не из простых, но мы и её освоим.

Материализация мыслей уже давно доказана мировыми учёными, которые связывают этот факт с законом притяжения. Вы, наверняка, хотя бы раз, ловили себя на мысли, что ещё недавно об этом думал, а сегодня так и получилось. Может быть не точно так, но получилось. А вот если бы подумал правильно, то получилось бы один в один.

Углубившись в силу мыслей, мы поймём, что все беды и несчастья сами притягиваем к себе. Постоянно жалуясь на отсутствие денег, никак не можем рассчитаться с долгами. А намекая на проблемы личного характера, не можем найти вторую половинку. Думая о болезнях, непременно подхватываем вирус. Моя бабушка говорила: «если хочешь денег, иди, золоти углы дома», я тогда не понимал, что она имеет в виду, а теперь частенько вспоминаю её слова.

Некоторые скептики готовы подобные случаи списывать на обычные совпадения, но, во-первых, я не верю в такое количество совпадений, а во-вторых, изучение учёными подсознания, даёт возможность утверждать, что мысли, как магнит могут притягивать наши желания, делая их реальностью.

Этими исследованиями всерьёз заинтересовались психологи и разработали ряд методик, позволяющих в короткие сроки, благодаря правильному управлению мыслями, достигать успеха, двигаться по карьерной лестнице, заводить семью. И тут мы возвращаемся к тому, с чего начинали: нужно научиться правильно думать и всё получится.

Учёные утверждают, что согласно закону притяжения, всё, что имеем в жизни, мы сами в неё привлекаем. Т.е., желаемое становится реальностью. Абсолютно любая сфера жизни подчиняется этим правилам.

Вселенная имеет своё информационное поле, с которым связано наше подсознание. Его воронки надёжно фиксируют наши мысли, воспринимая их, как желания, но это то и опасно. Пока вы жалуетесь на вечную нехватку денег — вселенная воспринимает эти мысли, как желание. Да, не просто избавиться от дурной привычки постоянно думать о плохом, но мы с вами уже умеем блокировать подсознание и умеем не думать. Это очень важно, потому что старики всегда говорят, что с нами случается то, чего мы больше всего боимся, как будто какой-то демон, питаясь нашими страхами, старается урвать себе лакомый кусок.

Чтобы привлекать в свою жизнь только хорошее, необходимо научиться чётко формулировать свои желания, при этом напрочь отогнав дурные мысли. После этого начать визуализировать желания в мелких деталях, как будто пишите картину. Некоторым в этом помогает коллаж, некоторые имеют достаточное воображение. В любом случае, ложась спать, хотя бы несколько минут подумайте и представьте себе желаемое.

Некоторые не справляются с этим заданием, потому что не верят, что такой способ поможет. Причём ещё даже не начав и не попробовав. Без веры не стоит даже начинать, только потом не стоит удивляться, что плохие мысли сбываются. Некоторым просто не хватает терпения. Попробовав пару дней подумать, не получают желаемого результата и разочаровываются – глупо. За пару дней, даже насморк вылечить нельзя, а не то, что мысли материализовать.

Чтобы в этой жизни хоть что-то получилось – этого нужно очень захотеть. При малейшей попытке подумать о негативе, тут же переключаться на положительные мысли, пока вселенная не успела их считать. Ну и, безусловно, свои мысли нужно подкреплять действиями, потому что, лёжа на диване… ну об этом я уже говорил.

Выводы из главы

Раз уж договаривались подводить итоги, значит выполняем. И так:

➢ Заводим «склерозник» и чётко планируем свой день.

➢ Помним: главное результат, а не процесс.

➢ Ежедневно выпиваем 1,5 – 2,5 литра воды.

➢ Употребляем в пищу, как полноценные, так и неполноценные белки.

➢ Заменяем простые углеводы на сложные.

➢ Не забываем о пользе жиров.

➢ И опять витамины, знаю, что уже говорил, просто хочу напомнить.

➢ Слушаем хорошую музыку.

➢ «Утираем нос» окружающим: доказательство – лучшая мотивация.

➢ Визуализируем свои желания.

Теперь домашнее задание: купить удобный ежедневник, прямо сегодня, и распланировать в нём завтрашний день. Подробно, расставляя приоритеты. Да, на первый раз придётся повозиться, но дальше это войдёт в привычку, будет легко и просто. Сделаете, обязательно похвалите себя. За что? За маленькую победу над собой.

ГЛАВА 3. ВОДА

«Если хочешь подчинить себе всё, подчини себя разуму»

Артур Шопенгауэр

В предыдущих главах мы работали над собой, над своими навыками, мыслями, научились быть сильными и уверенными в себе. Теперь пришло время покорить водную стихию, которая отвечает за отношения с социумом.

Острая чувствительность, непостоянство и эмоциональность, наряду с инстинктивной реакцией на людей, подсознательная фиксация событий. Покорив эту стихию, вам не будет необходимости думать, вы будете знать, как адаптировать ситуацию под себя, как находить свой путь среди проблем, как не воспринимать чужие настроения. Мы будем сочувствовать, но перестанем перекладывать весь груз ответственности на себя. Предчувствия начнут сбываться, а судьба будет подсказывать нам правильные решения, которые мы сможем прочитать.

Стихия воды символизирует будущее, к которому мы стремимся. Вода и добра и опасна одновременно, она даёт множество подсказок, которые нужно понимать, либо она решит, что пора освобождать душу от физического тела. Это не угрозы, нет, это забота о достойном будущем. Ни одна стихия не может дать так много, как вода.

Мы часто роптали на судьбу, теперь судьба готова выйти на открытый диалог. Насколько мы готовы к нему? Насколько он вообще нам нужен? Это экватор. Теперь самое время либо смело двигаться вперёд, либо вернуться назад, к той жизни и к тем проблемам, с которыми мы жили. Нам всё ещё хочется перемен, но нас уже пугает неизвестность. Мне самому иногда становится не по себе, когда я наблюдаю за попытками людей покорять эту стихию. Создаётся впечатление, что они тонут, а ведь некоторые так и утонут и помочь им нельзя, но те, кто выплывут, станут настолько сильными, что никакие штормы их не собьют с ног.

Я сам когда-то покорял эту стихию и отлично помню свои ощущения: бороться с собой мне было легче, чем со своим окружением. Страх кого-то обидеть или унизить глубоко сидел внутри. Балансирование между «так нужно» и «так правильно», давалось очень нелегко. Но я, обычный человек, справился с этой задачей, а значит и вам это под силу.

Кстати, как там фотоматериал? Насколько увеличилась коллекция? Только не стоит уже рассматривать изменения, если не «утоните», покоряя эту стихию, то результаты станут более заметными, поэтому просто фотографируйте, любоваться будем потом. А если ещё и пришлёте первое и последнее фото, то буду крайне признателен. Очень люблю наблюдать за успехами своих читателей.

3.1. Решаем проблемы в семье.

Семейные проблемы – это основной фактор, из-за которого человек не может ощущать себя счастливым и успешным в полной мере. Мне не раз приходилось наблюдать, как семейные неурядицы рушили и успешный бизнес, и успешную карьеру, и добавляли массу болячек. Каждый понимает, что без них не бывает, но не каждый находит в себе силы для их решения. Мы постоянно пытаемся изменить наших родных, не понимая, что начинать нужно с себя. Изменив себя и своё поведение с ними, мы можем не только скорректировать их линию поведения, но и сохранить свои нервы. Мне хочется разобрать несколько типичных семейных проблем, которые мешают нам жить. Тут даже не важен половой признак «очага возгорания», важен принцип подхода к проблеме.

3.1.1. Болезни и зависимости.

Тяжелые физические заболевания, психологические расстройства, наркомания, алкоголизм, игромания – это те болезни, о которых пойдёт речь.

Живя под одной крышей, с родными, которые страдают на подобные недуги, мы, зачастую, стараемся собственными силами помочь им, испытывая в глубине души некое чувство вины, за происходящее с ними. Где-то не досмотрели, где-то не уберегли, где-то не отреагировали вовремя. Стоп. Именно такая линия поведения и способствует развитию заболевания. Ваши родные это чувствуют, даже если стараетесь не подавать вида. А жестокими могут быть не только дети, но и больные, они на подсознательном уровне, оправдывают свои заболевания вашей виной. Естественно, легче обвинить родителей в плохом воспитании, чем признать собственную несостоятельность и зависимость.

Запомните, любое заболевание ваших близких – это не ваша вина! Даже если речь идёт о наследственных заболеваниях, вы не в состоянии контролировать работу генов. Вы – заложник ситуации, с которой справиться самостоятельно – это лишь затянуть попытку выздоровления. Можно, конечно, попытаться, но успех придёт только в том случае, если вы профильный специалист в этой области. Во всех остальных случаях – это бесполезная трата времени.

Вина, конечно, это не ваша, но решать проблему нужно. И тут уговорами и упрёками больного, делу не помочь – нужны кардинальные меры. Вариант первый – обратиться за помощью к людям со сверх способностями: колдуны, маги, бабки, дедки и прочая «нечистая сила». Да, учёные доказали, что такие люди действительно существуют, действительно обладают способностями, но они, как и врачи, имеют узкую специализацию. Поэтому, даже найдя достойного представителя аналоговой медицины, нет никакой гарантии, что это его профиль. Я уже молчу о 90% шарлатанов, которые просто наживаются на чужом горе. Это риск, можно впустую потратить бесценное время и, не получив результата, «опустить руки». К тому же ни один представитель анти-медицинской практики (если он действительно, что-то знает и умеет), не возьмётся помогать без желания и согласия больного, а вы уверены, что таковое будет?

Вариант второй – довериться специалистам с медицинским образованием. Тут согласия больного не нужно, нужно только ваше чёткое понимание, что проблему необходимо решать быстро и кардинально. И все попытки пациента ругаться, бить посуду, буянить, можно эффективно нейтрализовать, с помощью химических препаратов и мускулистых медбратьев. Вероятнее всего, что без стационарного лечения тут не обойтись. Только не совершайте самую распространённую ошибку: приехать проведать, увидеть жалобные глаза, поверить уговорам исправиться, и забрать домой. Боже вас упаси от такой глупости! Прервёте лечение, и придется всё начинать с начала, при этом предыдущее лечение пойдёт «коту под хвост». Больные на ранних этапах лечения, ограниченные в свободе действий и возможности вести привычный образ жизни, будут готовы поклясться вам в чём угодно, сыграть на родительских чувствах, например, лишь бы не оставаться в больнице. Поэтому, лучшим вариантом будет просто наблюдение за любимым вам человеком, без непосредственного общения и возможности «поковыряться ржавым гвоздём в вашем сердце».

Вариант третий – очень популярен в последнее время, но, по моему мнению, глупый и бессмысленный – секты. Их сейчас развелось невероятное количество, все они, типа от Бога, служат, молятся и бла-бла-бла. На самом деле они зарабатывают деньги на вас и вам подобным – это бизнес. Используя методы кодирования и зомбирования, они действительно могут «закодировать» от чего- то там, но при этом превратят человека в зомби, который не сможет вести нормальный образ жизни. А будет жить, с целью «служения Богу», которая на самом деле, не что иное, как зарабатывание денег для так называемых пастырей и т.п. Поэтому, понимая, что это тоже зло, а возможно ещё и большее, лишний раз подумайте, прежде чем решиться на такой шаг.

В любом случае, выбор тут за вами, но сделав его, не медлите, принимайте решение сразу и начинайте лечение. А все разговоры на тему: «как ты можешь, мы тебя растили, вот, когда ты был маленький» - забыли и даже не начинаем.

3.1.2. Непонимание между супругами.

Гуляли, встречались, веселились, всё замечательно, а поженившись, стали, как кошка с собакой. Это распространённая проблема большинства молодых пар. И куда делись тёплые отношения – не понятно. Почему же не понятно? Понятно, всё предельно понятно. Каждый из вас вырос в разных семьях, где были свои устои и обычаи. Например, излюбленный укор в сторону молодой супруги – отсутствие завтрака. Возможно, для вашей мамы – это обычное дело, встать не свет не заря, приготовить папе завтрак, проводить его на работу и с чувством выполненного долга, дальше заниматься своими хлопотами. А папа вашей возлюбленной, возможно, не считает ничего зазорного в том, чтобы самостоятельно поджарить себе яичницу с утра, дав, тем самым, возможность супруге немного поспать и отдохнуть. Естественно, что девушка будет ожидать подобную линию поведения и от вас, не понимая, как может быть по-другому. А вы, как взрослый мужчина, должны понимать, что жена – не мама, и глупыми детскими обидами идиллию в семье не создать.

Что касается женщин, то тут совсем весело. Они почему-то решили, что мужчина им должен. И фраза типа: «Ты же мужчина, ты должен... обеспечивать семью, помогать по дому, гулять с собакой». Нужное подчеркнуть. Вообще, конечно, может быть мужчина что-то кому-то и должен, но при таких формулировках, получается жена пилит, а муж что делает? Правильно, идет к соседу Васе и бухает, поливая при этом свою вторую половину чем-то жидким и коричневым. Посмотрите по сторонам, вы поймете, насколько частой является ситуация, когда люди живут вместе, ненавидят, а может просто не любят друг друга и все равно живут. Что делать?

Во всём цивилизованном мире люди разговаривают при любых проблемах или недопониманиях. Поэтому, вместо детского «надутия губ» лучше обсудите различия в ваших привычках и пойдите на уступки друг другу. Так будут и «овцы целы и волки сыты».

Часто разногласия начинаются с появлением ребёнка. Женщина, находясь в состоянии послеродовой депрессии, надеется на помощь и понимание супруга, а он не понимая, почему ему стали уделять меньше внимания, вообще принимает оскорблённую сторону. Европейские психологи сходятся во мнениях, что планировать ребёнка необходимо после тридцати лет, когда семья и психологически и материально к этому готова. Я тоже считаю это правильным. Невозможно требовать взрослых поступков от людей, которые таковыми пока не являются. Если решение завести ребёнка было спланированным и обоюдным, то и ответственность за его воспитание должно быть обоюдным. А детская ревность должна перерасти в понимание и поддержку, а ни в коем случае не в упрёки и обиды.

А в воспитании детей вообще должна быть общая концепция. Позиция, когда один запрещает, а другой тут же разрешает – должна быть исключена раз и навсегда. Иначе, через несколько лет, вы горько пожалеете, что не договорились сразу и теперь вынуждены пожинать плоды такого легкомыслия.

А самым глупым поводом для разногласия, по моему мнению, являются бытовые вопросы: кому мыть посуду, кому выносить мусор, кому сходить в магазин. На почве постоянного недостатка денег – это может перерасти во вселенскую катастрофу. История знает немало фактов, когда, именно из-за такой ерунды, распадались семьи, причём на разных этапах жизненного пути. Так вот, мой вам совет: не занимайтесь ерундой (чтобы не сказать хуже), не играйте в мелочных людишек, если скучно жить и не знаете, чем себя занять – займитесь саморазвитием. А если не в состоянии решить бытовые вопросы, то найдите домработницу и не компостируйте никому мозги.

А вот конфликты на почве раздражения от одного вида второй половинки – это уже серьёзнее. Если уж прям так бесит, что мочи нет, то пора отдохнуть друг от друга и от домашнего гнёздышка. Первое, что необходимо сделать – это спланировать раздельный отдых: он направо, она налево (в хорошем смысле). Езжайте минимум на дней так десять – пятнадцать, на расстояние километров 200 друг от друга. Первые дня три – четыре просто наслаждайтесь разлукой: отсыпайтесь, гуляйте, сходите на какие-нибудь SPA процедуры или просто на рыбалку. Наслаждайтесь отдыхом. Насладились? Успокоились? Отлично, переходим ко второму этапу.

Сразу предупрежу – он жестокий, но очень действенный. Готовы? Приступаем. Сядьте поудобнее и максимально включите своё воображение. Теперь представьте, что ваша вторая половина умерла. Да, именно умерла, её больше нет и никогда не будет, а ведь вас связывало столько хорошего. Вспоминайте, как вы познакомились, первый поцелуй, первое признание в любви, первый секс. А теперь, вы будете возвращаться в пустой дом, где никогда не услышите её голос, где никто не обнимет и не приголубит в трудную минуту. Представьте, как плачут ваши дети, когда понимают, что мама (папа) больше никогда не пойдёт с вами на пикник. И вот так пару часов. Наревелись? Отлично, я говорил, что это жестокий метод. Как теперь отношение ко второй половинке? Уже не бесит, правда?

Бросаться к телефону и звонить не стоит. Остаток отпуска проживите с этой мыслью. Подумайте, стоило ли тратить бесценные минуты счастья на мелкие склоки и обиды? А может, нужно было ценить каждую проведённую вместе минуту жизни? А может, грязная посуда – это не самое главное и «гори она синим пламенем»? Поняли, осознали? Теперь езжайте домой, я думаю, вы будете туда «лететь», а не бежать. Потому что у вас появился уникальный шанс – вернуть всё назад и начать отношения с чистого листа. А если, когда-нибудь, тень бешенства снова промелькнёт в сознании, вспомните эти ощущения и не повторяйте своих ошибок. Лучше проводите больше времени наедине, дети отлично побудут с бабушками и дедушками, а вы вспомните, что романтика в вашем браке ещё жива.

А теперь добавлю немного дёгтя в эту бочку мёда. Что делать, если романтика, извиняюсь за выражение, сдохла? Т.е., вы представляете свою вторую половину умершей и начинаете ликовать и прыгать от счастья, и ни о каких слезах и речи не идет. Тогда тут совсем другой расклад получается. Тогда, батенька, мой вам совет – не тянуть кота за яйца, хвост и другие конечности, а что-то срочно решать с вашей семьей. Посмотрите вокруг, как много людей живут вместе, тихо друг друга ненавидят, но продолжают жить. Я, в принципе, против разводов, но подумайте кому легче от такого нелепого существования, когда даже домой идти нет никакого желания. Единственная отдушина - сосед Вася. Теперь представьте, что вам 88 лет и жить остается не так уж и много, и вот вы со своей ненавистной второй половиной так и прожили всю жизнь. И что вы скажите правнукам? Я прожил 60 лет с этой женщиной (мужчиной), из которых 55 ее (его) ненавидел? Да ладно правнукам, себе, что вы скажите? Как ответите на вопрос: «почему профукали свою жизнь?» А менять что-то уже поздно. Подумайте об этом сейчас. Подумайте о себе и знайте, лучше признать свою ошибку сейчас и изменить свою жизнь сегодня, чем признать ее, когда жизнь уже прошла. А знаете ли вы, что по статистике среди людей, находящихся на смертном одре, соотношение тех, кто жалеет о том, что сделал и тех, кто жалеет о том, чего не сделал, примерно 20% на 80%.

Меня часто спрашивают: «И что теперь? Развод? А как же дети?». А что дети? Кто вам сказал, что они дураки? Они прекрасно будут видеть и понимать ситуацию. Более того, они будут думать, что вот такой и должна быть семья. И кому от этого легче? Я считаю, если больной уже все-равно помер, его надо везти в морг, а не делать ему искусственное дыхание. Цинично? Может быть. Но так всегда бывает, когда вы будете думать о себе, о своих интересах. Они всегда будут кому-то не по душе. Но, по статистике, люди, которые приняли решение развестись, жалеют об этом в 10 раз реже, чем тем, кто принял решение продолжить жить с нелюбимым человеком. Выбор в любом случае за вами, я лишь могу помочь вам задуматься над некоторыми вопросами.

3.1.3. Отношения со вторыми родителями.

Да, обзаведясь второй половинкой, вы в комплекте получаете ещё одну пару родителей, а их, как известно, не выбирают: ни первых, ни вторых. И от того, как сложатся ваши отношения, будет напрямую зависеть крепость брака и спокойствие в семье.

Мудрые родители, естественно, не станут вмешиваться в отношения молодых, а советы начнут давать, только после оглашения их необходимости. А вот менее мудрые, начнут учить, как нужно жить, а как не стоит. Поэтому, моё твердое убеждение: молодая семья должна жить отдельно. Несмотря на сложное материальное состояние дел, если нет возможности разменять квартиру, то стоит её арендовать. Самые лучшие отношения с родителями – на расстоянии, и чем больше это расстояние, тем лучше. Не стоит рассчитывать, что свекровь или тёща настолько воспитаны, что не придут в гости без приглашения, а ситуации бывают разные. Иногда незваные гости, хуже сами знаете кого, поэтому – подальше.

Львиную долю конфликтов составляют, всё-таки, отношения невестки и свекрови. Пытаясь поделить любимого мужчину и занять в его жизни лидирую роль, они пускаются во все тяжкие: ругаются, дерутся, поливают грязью друг друга, в общем, девочки развлекаются.

А новоиспеченный глава семейства мечется как «раненный бык по бойне», не понимая к кому ему пристать: «к умным или к красивым». В итоге посылает НА (в смысле ко всем чертям) и тех и других и, заручившись поддержкой тестя, валит к нему в гараж, который тому достался ещё от его тестя, когда, будучи ещё молодым, он сам послал всех туда же. И тогда, умные и красивые ещё больше не любят друг друга – всё, круг замкнулся.

Но, если разобраться, то ведь любая свекровь, когда-то была молодой невесткой. Сама прошла через подобные проблемы, так зачем же повторять историю? Конечно, вы более умная и мудрая женщина и с лёгкостью сможете расправиться с молоденькой девочкой. Но ведь именно её выбрал ваш сын. Выбрал не для вас, а для себя. Значит, решил провести с ней всю свою жизнь, а когда вас не станет (потому что, МАМА, вы не вечная, уж простите), именно она будет приносить ему «утку» и стакан воды. А вы, своей эгоистической любовью, портите ему жизнь. Только не забывайте, что среди молоденьких девочек тоже попадаются умненькие. И если ваша относится к их числу, она быстро выработает правильную линию поведения и начнёт хвалить вас перед мужем днём и ночью. И этот лопух (как все мы), рано или поздно примет её позицию, потому, что девочка МАМУ любит, а МАМА девочку обижает. А когда эта девочка родит наследников, то все каникулы они будут проводить у её родителей, а вас, в лучшем случае, будут приглашать раз в год на день рожденья. Ну и как перспектива?

И ещё, растя своих сыновей «безрукими», вы сами вручаете им знамя проблем во взрослой жизни. Мы все кормленные, помытые и постиранные – не сомневайтесь. А даже если это и не так, значит, нас это устраивает. Так что в своих семейных проблемах мы будем разбираться сами.

3.1.4. Непослушные дети.

Мы все мечтаем, что наши дети вырастут и стану успешными, самостоятельными, но при этом будут советоваться с нами по любому поводу и слушаться безоговорочно. Парадокс. Мы сами занимаемся подменой понятий и искажаем реальность (ну это когда, муж в метро едет, там связь не ловит, а мы убеждаем себя, что он у любовницы, поэтому телефон отключил).

Воспитывать детей нужно до пяти лет, а с пяти уже на примерах показывать, что бывает, если сделать вот так и вот так. Чаще объяснять, что такое хорошо и что такое плохо. И не думать, что он должен сам до всего догадаться, потому что вам некогда, вы деньги зарабатываете.

С раннего детства давайте возможность ребёнку заниматься не только тем, что вы считаете нужным, но ещё и тем, что ему нравится. Кстати, большинству детей, в возрасте от трёх до пяти лет, нравится учить иностранные языки, в то время как в школьном возрасте это нужно делать уже «из-под палки». Вот и займите ребёнка спортом, иностранными языками, музыкой, танцами, живописью – пусть развивается, точно меньше времени останется на неблагополучных друзей. А при желании бросить какое-то занятие, вместо дикого ора лучше выясните, может что-то не получается или проблема какая приключилась, например, кроссовки не такие, как у всех и пацаны смеются. И вообще, не орите на детей, криками и истериками, вы только психику им испортите. От чего потом сами и будете страдать.

Установите с ребёнком доверительные отношения, только не лезьте в душу. Понимая, что за любую провинность его будут ругать, он «косячить» меньше не станет, просто вы об этом знать не будете. Гениальная мысль, что вы во всём лучше разбираетесь и всё лучше знаете, сразу отправьте в Караганду. Не согласны? А что гласит третий закон Ньютона? Вот, поэтому в Караганду. Советуйтесь с ребёнком, тогда и он, следуя вашему примеру, будет поступать так же. Детей нужно брать хитростью, а не силой. Вы ведь в детстве «бабаем» пугали? Вот, и совесть не мучила, и ребёнок слушался. Парадокс в том, что татарские дети, например, вообще «бабая» не боятся, т.к. это просто дедушка на татарском. С остальными детьми «бабай» тоже уже не помощник, стар он, да и молодёжь не из пугливых пошла, а вот волшебная фраза: «отключу интернет», может значительно улучшить процесс воспитания. И, если перерезав провод, несущий информацию в ваш дом, вы случайно обнаружите, что связь опять налажена – радуйтесь, физику ваше чадо учит хорошо, по крайней мере, её электромеханический раздел.

Ещё одним камнем преткновения может служить выбор будущей профессии, т.е. выбор института. Не стоит орать, что всё актрисы проститутки, а все модельеры иной ориентации. Лучше покажите ребёнку статистику зарплат по профессиям и не давайте денег на крупные покупки – популярно, доходчиво, убедительно, а главное, без нервов. Но это при условии, что ваш ребёнок не обладает сверх талантами, потому что если обладает, то не стоит портить ему жизнь, лучше помогите и поддержите. Не убедительно? Тогда посмотрите статистику заработков знаменитых и популярных сами, и успокойтесь. Не всем бороздить просторы вселенной на космическом корабле, нужно кому-то и в сериалах сниматься.

Я думаю, с семейными проблемами можно закругляться. Главное, что вы должны для себя уяснить, что пока мы все живы, мы сможем справиться с любой проблемой, главное грамотно и правильно к ней подойти. Я хочу, чтобы в отношениях в семье вы думали так: если он (она) так себя ведет, значит ему это выгодно. Это относится ко всем: к детям, родителям, женам и мужьям. Задайте себе вопрос: «Какая ему (ей) от такого поведения польза?». Ответив на него, придумайте способ, как дать человеку то же самое, но не в ущерб своим интересам. Нужно внимание? Пожалуйста. Нужно общение? Так вот же оно. Кстати, психологи есть везде, их консультации могут направить на путь истинный и не допустить непоправимых ошибок. Не брезгуйте иногда спрашивать у них совета.

3.2. Решаем проблемы на работе.

Начнём с того, что работа – это не семья. Здесь не обязаны вас любить и боготворить. Вы, всего лишь, маленький «болтик» большого механизма, под названием бизнес. И от качественной работы таких «болтиков» зависит бесперебойная работа всего механизма. Вам ведь не нравится, когда ломается телевизор? Так почему вы думаете, что кому-то понравится поломка бизнеса? Каждый собственник, создающий свой бизнес, делает это только с одной целью - зарабатывать деньги и никаких альтруистических мыслей. Поэтому, приняв решение взять вас на работу, он рассчитывает, что вы будете «играть по его правилам». Никогда бизнес не подстраивают под человека, человек подстраивается под бизнес.

Да и вообще, на работе не может быть проблем, там могут быть рабочие моменты, которые необходимо решать. Без этого никуда, гладкая рябь возможна, разве что, на кладбище, и то не всегда. Поэтому, работая на «дядю», будьте готовы подчиняться его прихотям или открывайте собственный бизнес, и тогда я посмотрю, как вам понравятся «болтики», которые захотят его разрушить. Я вот, например, когда начал свой бизнес, сильно и долго жалел, что сидел на работе, ругал начальство, вместо того, чтобы учиться у него. Потому что, когда твои сотрудники не хотят работать в принципе, а хотят просто больше получать, заставить их работать очень непросто.

Но вернемся к вашей работе. На работе постоянно что-то происходит – это нормально. Любой механизм даёт сбои и их нужно устранять. Принимать всё близко к сердцу – это не вариант, так никакого сердца не хватит, просто необходимо сделать правильные выводы, чтобы ситуация не повторялась.

Сначала ответьте себе на вопрос: «нравится ли мне то, чем я занимаюсь?». Если работа нравится, то любые сложности только добавляют бесценного опыта и личностной стоимости на рынке труда. Так что, чем больше рабочих моментов, тем выше квалификация. Если же работа не нравится, то логичным будет вопрос: «а что вы на ней вообще делаете?» Возможно, здесь хорошо платят, поэтому вы приняли решение отдать предпочтение нелюбимому делу ради материального блага. Согласен, деньги — это хорошо, но от постылого занятия хочется выть. В таком случае, в свободное от этого занятия время, занимайтесь любимым делом. Пусть оно не будет приносить материального удовлетворения, зато даст моральную отдушину и жить станет веселее. Умные люди называют это хобби. Я вот, например, сейчас пишу свою вторую книгу – это не основная моя работа, а хобби, хотя от основной работы я получаю не меньше удовольствия, но при этом не лишаю себя возможности внести в свою жизнь дополнительное разнообразие.

Если деньги платят небольшие, а работа не нравится, тогда что вас здесь держит? Не нравится - всегда можно найти другую. Или она просто находится близко к дому? Ну тогда, вы, батенька, лентяй. Ваш выход – это надомная работа. Существует масса вариантов, выберите для себя подходящий и вообще никуда не выходите. Кстати, в одном из разделов этой книги я остановлюсь подробнее о существующих вариантах работы на дому, но об этом позже.

Вообще, если говорить работе, то мне вспоминается один мой знакомый, который сыграл огромную роль в моей жизни, сказав всего одну фразу, которая меня мотивирует до сих пор. Расскажу вкратце об этом.

В 22 года, когда я закончил университет, я наивно полагал, что наличие красного диплома позволит мне найти отличную работу. Я решил, что мне самое место в банке. Так за месяц я обошел 26 банков нашего города и еще бог знает сколько обзвонил, и в итоге договорился о том, что меня возьмут через месяц в один из филиалов «Сбербанка». Однако, спустя месяц, когда я пришел туда оформляться, меня не взяли, сославшись на очередной кризис и приказ никого не принимать на работу. Поэтому, я устроился на ближайший к дому завод. «На время», как я тогда подумал. Но, как говорится, нет ничего более постоянного, чем временное. Я проработал там год, мне жутко не нравилось, зарплата маленькая, работа дурацкая, перспектив не видно, и это уж точно не то, как я себе представлял свою первую работу.

И вот, однажды, я пошел на обед и со мной увязался пожилой, как тогда мне казалось, инженер 55 лет. Идем, разговариваем, он мне про свою жизнь рассказывает, что-то шутит и вдруг говорит: «Я на этом заводе работаю уже 30 лет, сначала думал, что временно, потом попривык, а сейчас куда мне деваться, кому я нужен. Это как с семьей. Вот есть у меня жена, давно уже никаких чувств к ней нет, просто привычка, подошел, схватил за зад, получил секс. Ерунда какая-то. И уйти сейчас не уйдешь, вроде поздно уже». Я притормозил, посмотрел на него, пытаясь понять, к чему он клонит, а он добавил: «Жизнь короткая штука, и времени на сомнения и страх нет. Я не ушел ни от жены, ни с работы, потому что боялся, что не найду что-то лучше, что останусь один, боялся того, что скажут люди. И чем больше я тянул, тем больше боялся. И теперь я боюсь еще больше». Я совсем остановился. Он взглянул на меня и, поняв, что его слова попали в цель, сказал ту самую фразу, которая до сих пор ведет меня по жизни: «Живи ради себя! Каждый день! Только ради себя!». Через 2 дня я уволился и ни разу, ни одного разу я не пожалел об этом. А вот вспоминал я этот случай очень много раз. Каждый раз, когда мои интересы расходились с интересами окружающих. Конечно, об окружающих думать нужно, но вы должны четко понимать, где их интересы, а где ваши.

Ну и пусть эти слова звучат эгоистично, но в них суть успеха и счастья. Вы можете делать, что угодно, достигать каких угодно целей, но счастливы вы будете только в том случае, если это будут ваши персональные цели. Ни родителей, ни друзей, никакого-то холеного мужика из телевизора, а ваши! Ваши Личные Цели! А если вы работаете на ненавистной вам работе, то как вы сможете достичь того, чего хотите? Задумайтесь! Какова должна быть ваша работа и жизнь в целом? А я пока порассуждаю о том, как вести себя на работе, которая, я надеюсь, вам нравится.

Поговорим о деструктивных эмоциях: зависть, злоба, обида – на кой вам это нужно? Пришли на работу работать – работайте. Ни один умный руководитель не позволит разводить сплетни и интриги на своём предприятии. Ошибочное понятие, что без «мохнатой руки» невозможно добиться успеха, иногда играет с нами злую шутку. В мире бизнеса, где основная цель деньги, ценятся не «мохнатые» отношения, а реальные результаты. И вместо того, чтобы беситься от беспомощности, лучше трезво подумайте, а какими качествами обладает тот человек, который, как вы думаете, занимает ваше место? Возможно, вы просто зациклились на своей обиде и не видите реальной ситуации.

Моё личное мнение, что залогом качественной работы может стать позитивный настрой, человеческое отношение к окружающим и желание добиться результата. Не зависимо от того, чем занимаются ваши коллеги, ведите правильную поведенческую линию. Не стоит уподобляться тем, для кого работа – это временное пристанище, где нужно немного перекантоваться, а если выгонят, то найду ещё что-нибудь. Такие люди долго не задерживаются и являются изгоями любого коллектива, даже если на время и находят себе единомышленников.

Делая всё правильно, вы очень быстро будете замечены руководством, ваши результаты оценят и обязательно предложат повышение по службе при первом же удобном случае. К человеку, приносящему прибыль компании и результат общему делу, никогда не будут предъявлять необоснованные претензии. Любое замечание будет не попыткой личностного оскорбления, а корректировкой деятельности, которое стоит воспринимать только положительно, поскольку тратить время на бесперспективных сотрудников не будет ни один руководитель.

Наоборот, старайтесь максимально набраться опыта, принимайте любую критику провести работу над ошибками и «заработать дополнительные баллы в карму».

Если же поток претензий в ваш адрес нескончаем, то необходимо срочно разобраться в себе, что именно вы делаете не так: опаздываете, не успеваете выполнить объём работы, хамите начальству, оскорбляете клиентов, ходите на перекуры каждые десять минут. Вы не поверите, но с таким подходом к работе, претензии будут на любом предприятии. Никто и нигде не любит хитро-сделанных, которые стремятся на чужом горбу в рай въехать. Это во времена СССР можно было проскочить на халяву и отоспаться в закромах государственного предприятия, особенно, если накануне с начальством водку пил на охоте, а сейчас всё – лавочка прикрылась. Хотите денег – запрягайтесь и пашите. А я посмотрю, как открыв собственный бизнес, вы будете с радостью платить деньги тунеядцам.

Когда ситуация выходит из-под контроля, а вы не понимаете, что сделать – запишитесь на приём к руководителю. Обсудите с ним сложившуюся проблему. Только в разговоре не используйте эмоции, говорите на языке фактов: сделал то-то и то-то, не получилось то-то и то-то, почему не могу разобраться, помогите. Поверьте, любой руководитель не осудит, а наоборот поддержит подобную инициативу. В его глазах вы вырастите как специалист, проводящий анализ собственной работы и желающий улучшить её результат. Мы иногда боимся признаться в своих ошибках даже самому себе – не стоит этого делать, как и не стоит заниматься самобичеванием, обвиняя себя во всех смертных грехах. Рациональный подход к происходящему. Естественно, что, бегая по любому пустяку к начальству, вы скорее вызовите раздражение, потому что, не смотря на всеобщее мнение, что он ничего не делает, у него, на самом деле, много работы. И, выделяя для вас время, он, скорее всего, вынужден корректировать свои планы.

А вообще, запомните главное правило: «рыба ищет, где глубже, а человек - где лучше». Не устраивает работа - ищите другие варианты. Любите то, чем занимаетесь, и результат не заставит себя долго ждать, это я вам гарантирую.

3.3. Решаем проблемы с окружением.

Основные жалобы, с которыми мне приходится сталкиваться, выслушивая людей – это отсутствие понимания со стороны окружения. Распространённые жалобы: «меня не понимают, не ценят, не любят люди», всегда вызывает смятение. Во-первых, почему? Во-вторых, зачем? В-третьих – что? Не понятно? Мне тоже, иногда, не понятно, как можно заниматься самоистязанием из-за того, что весь мир против меня. Да и кто, вообще, сказал, что весь мир? Вот так иногда слушаешь и понимаешь, что у людей, на самом деле, нет никаких проблем, есть диссонанс в понятиях. А чтобы жить было не скучно, начинаем искать проблемы. Давайте будем разбираться в вопросах.

Почему?

Вопрос: «почему?», возникает у меня в контексте: «почему меня вообще все должны понимать, любить, ценить и т.п.». Кто вообще сказал, что я должен всем нравиться? Я не золотой червонец, чтобы всем нравиться. Для меня есть ряд людей, чьё мнение мне небезразлично, чьим мнением я дорожу. На мнение всех остальных мне глубоко наплевать. Да, по большому счёту, думаю и им на меня тоже. Кто я им такой? Да никто! Тогда с какой радости я должен им нравиться.

Почему я вообще терзаюсь из-за того, что кто-то мне безразличный меня не понимает? А если не безразличный, то это уже другая история.

Зачем?

Зачем мне нужно их понимание? Я профессор университета и для меня жизненно важно, чтобы мои студенты не были неучами? Нет. Я буду спокойнее спать, если кто-то, на чьё мнение мне наплевать, будет со мной согласен? Нет. У меня от этого понимания прибавится денег, здоровья, счастья в личной жизни – нет. Ну и пусть думает, что я дурак. Вон, у Ломоносова, сколько было научных работ, а всё равно находились те, кто считал его дураком. И что, у него от этого бессонница была? Да плевать ему на них было. Вот и вам должно быть плевать.

Что?

Если же мне человек небезразличен, и он меня не понимает, то, что я сделал для того, чтобы он меня понял? Что я предпринял, чтобы объяснить, доказать, аргументировать ему свою точку зрения? Привёл ли достаточно фактов своей правоты? Или все должны быть со мной согласны априори. С чего бы это вдруг? Я что Папа Римский и на меня снизошло Божье благословение? И мне, ничего не объясняя, надеяться на понимание и поддержку?

Да уж, сплошные вопросы, но я надеюсь, что они доходчиво объяснили всем нам, что «я» был не прав. Признать свою неправоту – это уже полдела, переходим ко второй половине – будем налаживать взаимопонимание.

И так, мы уже поняли, что добиваться взаимопонимания стоит только с небезразличными нам людьми, а все остальные пусть идут лесом.

Пытаясь доказать свою точку зрения небезразличным людям, нужно относиться терпимее к ним. Во-первых, где гарантия, что вы вообще правы. Возможно, вы сами заблуждаетесь и даже не даёте возможности вам это доказать. К чему такая упёртость, счастливее вы от этого не станете, да ещё и отношения с близкими и дорогими людьми испортите. Выслушайте их, найдите консенсус, возможно, каждый из вас немного заблуждается, и в споре, вы найдёте истину. А признав свою неправоту, только возвыситесь в глазах близких людей. Только разговаривайте спокойно, не стоит срывать голос и орать до хрипоты, пугая окружающих и портя нервы друг другу. Тихо, мирно, интеллигентно, мы же с вами интеллигентные люди.

Во-вторых, даже если вы стопроцентно уверены в своей правоте (например, защитили докторскую диссертацию на эту тему), то просто будьте умнее. Выскажите своё мнение, приведите факты и останьтесь при нём. Возможно собеседнику выгоднее заблуждаться, чем жить с вашей правдой. Это для вас жизнь на Марсе давно доказана, а собеседнику, после такой информации, может кошмары по ночам сниться будут. Зачем ему ваша правда? Да и вообще, не стоит портить отношение из-за Марса, ну правда, он того не стоит.

И, в-третьих, если все вокруг заблуждаются, а вы один правы, то может быть, ну так, в порядке бреда, стоит пересмотреть свои взгляды? Я понимаю, что история знает немало примеров, когда правота одного человека была отвергнута всем миром. И только спустя столетия подвергнута признанию. Но в мире передовых технологий и искусственных интеллектов вы уверены, что не ошибаетесь? Я бы, в таком случае, покопался в интернете, почитал литературу, ну, мало ли оно что.

Взаимопонимание со своим окружением можно достичь только путём компромисса. Ругаться, обижаться, доказывая свою правоту, можно было лет так до пяти – шести, но, думаю, что вышли из этого возраста и стремитесь совершать правильные поступки, чтобы изменить свою жизнь к лучшему. Берегите нервы, здоровье дороже.

3.4. Новые правила игры.

Итак, пришло время обрисовать новые правила, по которым теперь мы будем жить, и наслаждаться жизнью. Влачить убогое существование – это больше не вариант. Теперь наша цель – позитив. И он должен присутствовать во всём. Мы меняем себя и начнём с внешнего вида. Чтобы чувствовать себя победителем, таковым нужно выглядеть.

Внимательно посмотрите на своё отражение в зеркале. Когда последний раз вы что-то меняли в своём образе? Думаю, давно, а теперь пришло время поменяться кардинально. Это поможет не только обратить на себя внимание окружающих, но самоутвердиться в своих глазах. Время «серых мышей» уже прошло, теперь мы уверены в себе, и наш внешний вид должен об этом кричать.

Начните с похода к стилисту, который разберётся с вашими волосами, подберёт оптимальный цвет и форму причёски. Это не должно быть что-то вызывающее, скорее элегантное и притягивающее взгляды. Мужчинам в этом плане легче, а вот женщинам придётся постараться, хотя они это и так умеют. Кстати, с макияжем тоже придётся повозиться, даже если вы уверены, что он у вас безупречен, всё равно не пренебрегайте советами опытных визажистов – они могут сделать из вас королеву, даже на повседневной основе.

Особое внимание уделите маникюру и педикюру – это касается всех. Неопрятные ногти испортят любой образ. Поверьте, мужчины, женщины обращают особое внимание на мужской маникюр, и не каждой приятно «тонуть» в объятьях неухоженных рук. Возьмите себе за основу, что раз в неделю просто необходимо приводить ногти в порядок.

Гардероб, – какой он у вас? Попросите стильного друга или подругу провести ревизию в вашем шкафу. Уверен, после этого он останется пуст. Потому что нельзя ходить, в чём попало. Жизнь проходит, а на старости лет и вспомнить нечего будет. Шифоньер не должен валиться от вещей, там должны быть базовые вещи (подходящие на любой случай), повседневные (чтобы удобно было выйти в магазин) и очень особенные (вечерние, для особого случая, например, вечернее платье или белый костюм). Потратьте немного денег на себя. Это капиталовложение вернётся вам сторицей. И тут дело даже не в том, что «встречают по одёжке», от того, как вы выглядите — напрямую завит отношение к вам. Это называется фактор превосходства. Его суть в том, что на любых переговорах человек, выглядящий хуже оппонента, будет заранее обречён на провал, потому что внутренне состояние подавленности будет на подсознательном уровне не давать возможности стать победителем.

Обувь и аксессуары – это особая тема, её можно развивать долго, но я не буду. Скажу основное. К выбору обуви подходите очень тщательно, потому что от неё зависит ваше чувство комфорта. Давящие и натирающие туфли никогда не дадут возможности сосредоточить мысли на чём-то важном, в голове будет крутиться только навязчивая идея – снять их. Красивые, стильные и обязательно удобные – это обязательные характеристики, которыми должна обладать обувь. Аксессуаров не должно быть много, вы не новогодняя ёлка, чтобы увешивать себя игрушками. Стильные часы, несколько неброских украшений, элегантный ридикюль - всё, больше ничего не нужно. Когда станете правителем Саудовской Аравии, тогда оторвётесь по полной, а пока скромность – синоним элегантности. Для мужчин вообще из украшений должны быть только часы, про обувь я уже сказал, то же самое относится к другим аксессуарам: ремню, портфелю или сумке. Отдельная тема – телефон. Он не обязательно должен быть последней модели. Он должен выглядеть достойно. Даже если он недорогой пусть он будет достойным своего хозяина с правильно подобранным чехлом.

Отлично, с внешним видом разобрались. Переходим к манерам. Насколько грамотно вы разговариваете, как часто употребляете слова – паразиты, насколько легко можете поддержать беседу? Вот, так я и думал. Изучить по-быстрому весь школьный курс русского языка у нас, конечно, не получится, но кое-что может помочь. Теперь всё своё свободное время, мы проводим за чтением книг – не любовных романов, не женских или мужских журналов, не газетных вырезок, а именно книг. Начните с литературы по этикету: как вести себя в тех или иных ситуациях, какими приборами пользоваться за столом, кто, кого, куда должен первым пропускать и т.п. Две – три книги на эту тему прочтете и переходите к более серьёзной литературе, почитайте классиков, потом разнообразьте развитие литературой, которая будет полезна для вашей работы. Это вообще беспроигрышный вариант – и грамотнее станете, и более квалифицированным и востребованным специалистом и, при случае, блеснёте интеллектом среди «серых» коллег, а может и работу поменяете.

Самообразование – это важно, не позволяйте себе лечь спать, не узнав, хоть что-то новое, иначе через пару лет просто начнёте деградировать, а ещё и склероз на старости лет замучает. А вот телевизор не смотрите. Сериалы, ток-шоу и прочую ересь, вообще исключите из своей жизни, от них толку ноль, а мозг потом начинает «гнить», в итоге мы опять вернёмся к тому, с чего начали. Лучше музыку слушайте, в ритме танца, заодно ещё пару калорий убьёте. Кстати, о калориях. При интеллектуальной нагрузке организм сжигает больше калорий, чем при физической. И так, договорились, что наши новые правила исключают телевизор из нашей жизни – пусть его смотрят неудачники и убивают свое, никому не нужное, время. Не хотел останавливаться долго на телевизоре, но после первого издания этой книги, меня просто замучили вопросами типа: «А быть может можно иногда, хоть новости посмотреть или кино какое…». Нет, нельзя! Объясню почему. Я как человек, занимающийся более 13 лет рекламой, могу со стопроцентной уверенностью сказать, что реклама – это манипуляция вашим сознанием в 95% случаях, да что там в 95%, в 99.99% случаев. Я вот, например, в свое время прослушал несколько курсов лекций на темы: «Манипуляция в рекламе», «Использование гипноза в рекламе» и т.п. Не верите? Тогда назовите хотя бы пару производителей бритв, кроме Gillette. А между тем, в хорошем супермаркете их может продаваться более десятка. И кто вам сказал, что другие хуже? А как выдумаете, заложены ли расходы на рекламу в стоимость товаров того же Gillette? Ладно, вы не смотрите рекламу, переключаете или слушаете телевизор «для фона». Еще хуже, любой гипнотерапевт вам скажет, что если вы чем-то заняты, то внушать что бы то ни было вам проще, так как внушение попадает прямо в подсознание. Что касается новостей и прочего, то поверьте, мне их делают лучшие специалисты, которые используют все те же приемы, что и рекламщики. И, кроме того, скажите, как вы думаете, что с большим интересом покажут в новостях и что будут люди смотреть, как какой-то маньяк людей режет, или как добрые люди бабушек через дорогу переводят. А вся эта «чернуха» с телеэкрана - это прямой путь в депрессивное состояние.

И последний важный аспект – улыбка. Она должна не сходить с вашего лица, только не в такой форме, чтобы окружающие решили, что вы постоянно накурены, а лучезарная, естественная, доброжелательная. Люди всегда тянутся не к унылым созданиям, а жизнерадостным личностям – это залог успеха. Всемирный закон притяжения: подобное притягивает подобное. Так что излучайте счастье и будете притягивать его к себе постоянно.

3.5. Немного магии. Учимся «читать» подсказки судьбы.

Судьба, как мать, она любит и бережёт, поэтому всегда стремится помочь, посылая нам предупреждения и подсказки. Другое дело, умеем ли мы их читать и, вообще, обращаем ли на них внимание. Как часто доверяем своей интуиции, задумываемся над снами или анализируем совпадения. А ведь ничего в этом мире не происходит просто так, во всём есть свой тайный смысл. Я хочу поговорить об этой магии, которая поможет в принятии важных решений и позволит избежать проблем и опасностей.

Всё, что происходит в нашей жизни – это определённые знаки, которые несут различную информацию. Только одни придают этому значение, а другие отмахиваются, считая нелепостью и предрассудками. Мы доверяем знакам, которые созданы человеком, но почему-то скептически относимся к знакам, посланным нам вселенной. Вселенная, по средствам своего энергетического поля, постоянно общается с нами. Об этом было известно нашим предкам, но мы из-за своих нано-технологий не видим очевидного, а потом горько плачем, предъявляя претензии Богу, миру, судьбе. Казалось бы, обычный гром или гроза, внезапно начавшиеся накануне важной поездки, должны нас насторожить, а мы просто садимся в машину и едем, а потом удивляемся проблемам и неурядицам, постигшим нас на дороге.

Независимо от нашей веры или не веры в эти подсказки, Вселенная всё равно их посылает. Мы же можем либо прочесть их и обезопасить себя, либо скептически проигнорировать и попасть в неприятности.

3.5.1. Учимся видеть и понимать.

Спокон веков известно, что у каждого человека есть своя судьба, свой путь и своё предназначение на земле. Оно заранее прописано, поэтому, думая, что бессмысленно проживаем жизнь, мы просто не знаем своего предназначения – свою миссию. Но то, как пройти свой жизненный путь, чтобы ее выполнить, человек решает сам. Выбирая из нескольких вариантов, чтобы принять нужное решение, мы прокладываем себе путь, а космическая энергия достраивает наш дальнейший маршрут. Ведь в лесу любое дерево можно обойти с двух сторон, а с каждой могут быть ягода, а могут капканы охотников.

Потоки космической энергии создают определённые колебания, благодаря которым мы можем получать наши подсказки. Учёные, проводящие исследования в этой области, отмечают эти колебания на уровне фонового гула событий. Но мы, занятые своими повседневными проблемами, чаще всего не замечаем этих событий, не понимая, что они являются предзнаменованием чего-то очень важного. Этот гул хорошо чувствуют животные и птицы. Они, не обезображенные технологическим прогрессом, стараются не просто избежать опасности, но и предупредить своих хозяев. Люди уже давно потеряли свою связь с космосом, поэтому ощутить вибрации просто не могут, но могут наблюдать и тщательно анализировать, принимая единственно правильное решение.

Зачастую, мы сами просим судьбу послать нам какой-то знак перед важным событием. А получая таковой, просто не обращаем на него внимания. Например, собираясь на деловую встречу, исход событий которой может изменить всю нашу жизнь, то прожигаем брюки, стараясь их погладить, то не можем найти документы или ключи от машины, то дверной замок заклинивает. И, несмотря на такое количество подсказок, мы всё равно едем, получая при этом негативный результат. Хотя могли, под любым предлогом, просто перенести встречу, и исход был бы другим. Вы никогда не слышали истории, когда перед полётом люди выходили из самолёта, отказываясь лететь, а после, этот самолёт попадал в авиакатастрофу.

Подобные знаки можно встретить везде, а доказательством предначертанности судьбы может быть состояние, которые мы привыкли называть дежавю. Вдруг, мы ловим себя на мысли, что всё это мы уже видели: обстановку, фразы и поведение окружающих. В древние времена существовали жрецы, которые обучались этой науке и считались выдающимися людьми. К ним обращались за помощью, их боялись и уважали. Верховные жрецы даже вершили суды и оглашали приговоры.

Особенно хорошо ориентируются в знаках моряки. Они, ещё со времён капитана Флинта, отлично знали, когда не стоит выходить в море. А о предстоящей буре их предупреждали не только животные, но и, казалось бы, обычные совпадения, например, не раскуренная со второго раза табачная трубка.

Канадские учёные провели эксперимент среди пар, чей брак либо распался, либо представляет собой сплошную катастрофу. Пострадавшую половинку попросили рассказать о первом свидании и выяснилось, что судьба пыталась предотвратить этот союз: то встреча переносилась, то ресторан никак не находился, то появлялись какие-то срочные дела, то заболевали родственники. И такая картина абсолютно во всех случаях. Значит, можно было избежать ошибки, прочитав подсказки, отказаться от встречи и не пропустить другую, которая не закончилась бы так плачевно.

Американский журналист Пол Ханкс долгое время собирал информацию о врачебных ошибках, общаясь с пациентами и их родственниками. Все они в один голос говорили, что больной не хотел идти на приём к врачу, как будто его что-то не пускало. Но под напором родных соглашался, и в результате — неправильно поставленный диагноз и четыре летальных исхода из пятнадцати случаев, в остальных одиннадцати — это серьёзные проблемы со здоровьем или инвалидность.

Некоторые научные теории утверждают, что в человеке существуют две противоположные субстанции: положительная и отрицательная. Одна, позволяет совершать любые опрометчивые поступки, другая предостерегает, мы привыкли называть её Ангелом—Хранителем. Как они работают: допустим, вы решили купить очень дорогое украшение, которое вам безумно нравится. Но для этого необходимо потратить все отложенные на семейный отдых деньги.

Колеблясь, некоторое время, вы всё же принимаете решение о покупке. Сходив домой за деньгами и, вернувшись в магазин, вы обнаруживаете, что украшение уже куплено, но подобное есть в магазине через квартал. Это подсказка, и правильно ее прочитав, вы точно не отправитесь в магазин за углом.

Вы когда-нибудь ощущали присутствие навязчивых мыслей? Например, приходя на работу, вы всё время чувствуете, что это не ваше и оно вам не нужно. Возможно, вы всегда мечтали стать лётчиком, а стали дантистом. И переучиваться поздно и профессия прибыльная. Семья твердит забыть о безумных мыслях и зарабатывать деньги. Но ведь вы никому ничем не обязаны, а навязчивые мысли о полётах – это разговор с Вселенной, которая подсказывает и предостерегает.

Точно также Вселенная подсказывает вам ответы на важные вопросы. Представьте, что вам предложили новое место работы. Как быть? Уйти с насиженного в неизвестность, а получится ли? Побудьте наедине с собой, сядьте в мягкое кресло и прислушайтесь к своим ощущениям. Если они лёгкие и радостные, то принимайте предложение, если же тревожные и неприятные – откажитесь.

Я уже говорил, что каждый человек вырабатывает свой индивидуальный стиль общения с судьбой, поэтому посланные для вас знаки, никто кроме вас и не поймёт. Чтобы правильно их читать, научитесь наблюдать за окружающим миром, внимательно анализируя каждую мелочь, вы не просто обнаружите в себе силу, способную полностью изменить вашу жизнь, вы сможете управлять этой силой.

Подсказку можно попросить, если она очень нужна, её обязательно дадут. И в этом нам поможет уже выработанный навык правильной формулировки вопроса. Чем правильнее и чётче вы сформулируете вопрос, тем проще Вселенной вам будет дать ответ. Тренироваться необходимо ежедневно, лучше делать это пред сном, в тот момент, когда вы уже начинаете засыпать, физический мозг отключает тело и переходит в режим улавливания энергетических вибраций, подключая к работе подсознание. Ваше подсознание сгенерирует ответ и отправит его вам в виде образов, вы только расшифруете его. Спустя несколько недель тренировок, вы уже абсолютно легко будете общаться с «Хрониками Акаши», т.е. вселенским информационным банком данных. В нём хранится информация о прошлом, будущем и настоящем во всех вариантах. Хроники содержат информацию как о целой планете, или стране, так и об отдельном человеке. Во время сна подсознание подключается к этой базе данных и скачивает необходимый файл. Поэтому, чем чётче вы сформулируете вопрос, тем проще будет найти нужный файл. Ответ может поступить в любой форме, как в виде сна, так и рекламного ролика по радио. Чтобы понять, что это ответ на ваш вопрос, а не просто текст, прислушивайтесь к своим ощущениям: лёгкая дрожь или беспокойство — это показатель подсознания, что «письмо доставлено адресату».

3.5.2. Космос не обманет.

Единство мироздания лишний раз доказывает, что всё в мире взаимосвязано. Во все времена люди стремились заглянуть в книгу судеб, чтобы управлять человечеством, именно оттуда мы и наблюдаем способности некоторых гадать по кофейной гуще или вылитому на воду воску. Но это привилегии людей с развитыми способностями, на их место мы не претендуем. Наша задача - научиться читать окружающие нас знаки и подсказки.

Космос всегда предупреждает о глобальных проблемах. История не знает случаев, когда какие-то катаклизмы или войны не были предсказаны кем-то из людей. Предупреждения помогают выжить человечеству благодаря тому, кто смог прочитать и донести до окружения.

Случайности не случайны, как говорил персонаж известного мультфильма. Мы должны это уяснить и принять, как должное. Каждый день по дороге на работу или домой мы слышим обрывки фраз, становимся невольными свидетелями различных событий, но обращаем ли на это внимание? Придаём ли значение всему этому или просто проходим мимо?

Простой эксперимент, который докажет вам мою правоту: возьмите, уже привычный лист бумаги и ручку, и составьте список всех, кто за последние пару лет появился в вашем близком окружении. Возле каждого перечислите краткие данные: знак зодиака, возраст, дата рождения, образование, профессия и т.п. А потом сравните полученные данные — признаки будут совпадать. Т.е., вам постоянно встречаются люди со схожими характеристиками. О чём это может говорить? Давайте разбираться дальше.

Насколько хорошо вы знаете, что обозначает ваше имя? А ведь имя – это мощнейший носитель космической энергии, которая притягивает к себе подобное. Не зря древние народы уделяли особое внимание выбору имени для младенцев. Так вот, и ваше имя притягивает к себе определённых людей, энергетика чьих имён по каким-то параметрам схожа с вашей. Правильно, имя – это судьба. Помните: «как вы лодку назовёте, так она и поплывёт» - это тоже отсюда. Поэтому, если вам встречаются люди с одними и теми же именами, то явный признак того, что что-то пора менять в жизни. Я знаю достаточно примеров, когда люди меняли свои имена, после чего и кардинально менялась их жизнь.

Ещё один аспект, о котором хочется обязательно упомянуть – это наша излюбленная привычка всё откладывать на потом и в последний момент делать всё в авральном режиме. Подобные телодвижения нарушают равновесие космоса. Подобные действия вызывают скачки энергетической массы, и космос начинает передавать вам предупреждения. Один, два, три раза вам всё сошло с рук, а на четвёртый неожиданно приехал друг, с которым вы не виделись много лет. А вы не поняли предупреждения. На пятый, уже заболел кто-то из родственников, но вы опять не поняли предупреждения и снова всё отложили на потом. На шестой раз, будьте готовы слечь с высокой температурой, и точно не выполнив работу, лишиться очень многого. Любой аврал – это дисгармония, которая будет пресекаться космосом, и возможно даже очень жестоко.

И главное, важные послания обязательно повторяются несколько раз. Одноразовая случайность не знаковая, и не даёт ответ на важный вопрос. Важная, действительно важная, информация обязательно будет показана ещё несколько раз, чтобы вы точно заметили и сделали правильные выводы.

Когда дело доходит до выбора, даже неважно чего, то тут в дело вступают гадания. И предрасположены к ним все: от мала до велика, любого пола и национальности. Можно, конечно начать бегать по «магическим» салонам, а можно просто воспользоваться самым древним и проверенным методом: книга. Чётко формулируете вопрос, потом с закрытыми глазами открываете книгу на любой странице и указываете пальцем на любое место – это и будет ответ на ваш вопрос. Этим гаданием «баловались» Пушкин, Лермонтов, Толстой, да и многие светские дамы того времени. Не панацея, конечно, но – на любителя. Древние римляне гадали ещё на птицах, но с нашей экологией, мы, пожалуй, опустим этот метод. Только учтите, что ни одно гадание – не может помешать достигать цели, она может лишь помочь найти более простое решение.

Ещё один тип космических знаков – это потери и находки. Не всегда хорошо что-то найти, иногда лучше что-то потерять. Древние Русичи знали, что если что-то потерять в дороге, значит дома обязательно выздоровеет близкий, верили, что небольшой потерей, можно откупиться от большого горя. Хотя, потеря обручального кольца или нательного креста – это очень плохой знак – не быть добру. Это вещи, которые хранят энергетику человека, и их потеря точно принесёт чёрную полосу в жизнь. А вот потеря ключей от квартиры, которую вы обнаружили перед выходом – это наоборот предупреждение того, что идти никуда не стоит, потому что ничем хорошим этот поход не закончится.

Да и находки тоже не всегда добрый знак. Например, нашедшему обручальное кольцо или крест – не позавидуешь, с этими предметами, можно на себя навалить столько проблем, что за годы не разгребёшь. А вот находки в пути приносят удачу, их не стоит игнорировать. А о цветущем папоротнике, который каждый год ищут девушки, вы, конечно, знаете. Поэтому скажу лучше пару слов о деньгах. Найти деньги - это хорошо? Да, безусловно! В Этом мире подобное притягивает подобное! Поэтому если вы нашли деньги, обязательно поднимите их, почистите, помойте, разгладьте если необходимо и к другим деньгам, можно при этом сказать что-то типа: «Денежка к денежке» или «добро пожаловать домой, монетка». И я это без сарказма. Вообще, не так важна фраза, как смысл события – нашли деньги обязательно подберите, даже если это копейка, даже если вы стоите в толпе незнакомых вам людей. Если вы ее не подберете, это значит вы отказались от денег, и вселенная вам их больше не будет посылать.

3.5.3. Наши сны.

Две основные вещи, что отличают человека от животного – это возможность запоминать сны и чувство юмора. Не умеют животные шутить, зато они тоже видят сны, но не могут их анализировать и, проснувшись, уже не помнят увиденное. Вещие сны могут выглядеть вполне реально, а могут быть в виде картин. Цветные или чернобелые, реальные или как кинолента, но они несут информацию, которую мы, грамотно расшифровав, можем использовать для личной безопасности.

В течение дня мозг получает массу информации, которую не в состоянии обработать полностью. Поэтому, отключая физические рецепторы во сне, подсознание начинает анализировать собранную информацию, обращая внимание на мелочи, ускользнувшие от сознания. Картинка складывается, выдавая результат. Нам остаётся только правильно его расшифровать, чтобы получить ответы на интересующие вопросы.

Бывают и такие сны, которые подробно демонстрируют события будущего. После них, мы часто просыпаемся в немного возбуждённом состоянии. Информация может быть открытой, а может и зашифрованной. Я помню, все та же баба Валя говорила: «приснился умерший родственник – будь осторожнее, что-то мёртвое оживёт». И это действительно было так, причём я уже знаю, что если во сне я не боюсь, то оживёт что-то хорошее, а если боюсь – то плохое.

Существует масса сонников, которые растолковывают увиденное во сне, поэтому я не буду подробно расшифровывать все значения. Сейчас расскажу только об основных моментах.

Любой человек вписан в определённую группу, которая, накопив жизненную информацию, может проецировать её на социум. Именно поэтому, всё, что нам снится, можно разделить на четыре основные группы:

> **Личные, субъективные.** К таким относится всё, что связано с жизнью конкретной личности. Огромное количество мелочей, которые не имеют смысла для окружающих, могут нести важнейшую информацию для конкретного человека. Расшифровать такие сны

полноценно сможет только хозяин снов, основываясь на свои аналитические способности. Они не всегда несут жизненно важную информацию, иногда просто напоминают о каких-либо событиях или рекомендуют задуматься над какими-то поступками.

➢ **Наследственные.** Бывает, что набор одних и тех же снов, передаётся из поколения к поколению. Меняться могут лишь несущественные детали. Это могут быть как положительные и радужные сны, так и кошмары. В основном, такие сны предостерегают и проявляются перед какими-то важными событиями. Таким образом, души предков охраняют свой род.

➢ **Культурные.** Каждой культуре присущи свои традиции и обычаи, а любой человек несёт в себе частицу этой культуры. Этнография любит изучать подобные культурные особенности. Например, приснившееся яблоко, в славянской культуре обозначает добрый знак, а для западных народов, знающих о грехопадении Адама и Евы, и о троянской войне – зло.

➢ **Родовые.** Это знаки, которые одинаково трактуются для всего человечества и тянутся ещё со времён, когда не существовало стран и континентов. Они сигнализируют о предстоящей опасности или безграничном счастье, к которому тоже необходимо быть готовым.

Теперь давайте чуть подробнее поговорим о том, как работать с нашими снами, чтобы посылаемая информация не проскальзывала мимо нашего внимания. Сначала, проанализируйте сложившуюся ситуацию, которая произошла накануне этого сна. Никто, кроме вас, не сможет знать всех нюансов, поэтому только методом подбора и анализа данных можно понять, что именно вам хотели сказать. Психологи рекомендуют составлять личный сонник, благодаря которому вы сможете безошибочно трактовать ваши послания.

Всегда вспоминайте увиденное во сне во всех мелких деталях, возможно в мелочах и кроится истина. Запоминайте ваши ощущения – это важно, они подскажут правильный вектор. Особенно важны любые цифры: номер автобуса, на котором вы ехали или количество колёс у велосипеда. Если, анализируя сновидения, на языке крутится какая-то песня или «крылатая» фраза – это подсказка, ключ к разгадке. Важны и чувства, которые вы испытываете, проснувшись. Некоторые сны невозможно вспомнить, а эмоциональная память даёт возможность сделать правильные выводы.

Сны можно и заказывать, вспомните Д.И. Менделеева, он яркий пример того, как заказной сон может изменить будущее, в данном случае, всего человечества. В некоторых культурах такой практикой пользуются по сей день, причём этому искусству обучают детей с раннего возраста. Да, мы, конечно, уже не дети, но научится этому, можем. Просто заведите блокнот в который будете подробно записывать свои сны, а потом накладывайте их на реальность.

Ещё одна составляющая снов – это кошмары. Порой они бывают настолько реальны, что мы не в состоянии понять, где сон, а где явь. Но такие сны чрезвычайно полезны, т.к. несут предупреждение о значимых событиях, позволяя заранее продумать весь алгоритм действий, чтобы обезопасить себя.

Но все же, основной вывод относительно снов – это слушайте свои ощущения и доверяйте интуиции.

Я думаю, этого краткого экскурса в мир магии достаточно. Я не призываю зацикливаться на потустороннем, но сделать определённые выводы и облегчить себе жизнь, а почему бы и нет.

Выводы из главы

Да, покорение этой стихии даётся очень непросто, но ведь и цель того стоит. Давайте подытожим важные моменты:

> ➢ Пагубные привычки родственников решаем жёстко и незамедлительно.

> ➢ Обсуждаем проблемы и уступаем второй половине.

> ➢ Ведём себя мудро, по–взрослому.

> ➢ Детей не ругаем, а объясняем и приводим примеры.

> ➢ Работаем качественно, и это обязательно оценят.

> ➢ В споре рождается истина – не родилась – смотрите пункт 3.

➤ Уделяем особое внимание внешнему виду.

➤ Правило: улыбка и позитив целый день.

➤ Обращаем внимание на события вокруг нас. Знаки, сны, совпадения.

Куда пошли, а домашнее задание? Возьмите чистый лист бумаги и напишите список всех ваших семейных неурядиц. Прочитайте, теперь прочитайте глазами постороннего человека и вычеркните то, на что вообще не стоит обращать внимание. А из остального списка выберите наименее значимую проблему, чтобы потренироваться. И, руководствуясь пунктом 3, пропишите план действий. А когда одержите свою очередную победу, не забудьте себя похвалить, можно сделать себе подарок.

В качестве бонусного задания еще одно упражнение, которое надо делать каждый день. Условно назову его: «Я - счастливый дурачок!». Суть проста: каждый день в течении одного часа вы, любое событие, которое происходит вокруг, воспринимаете сугубо положительно. Машина сломалась – хорошо, наконец-то смогу пешком до работы прогуляться. Нахамили в транспорте – отлично! Это отличная возможность потренироваться в терпимости и снисходительности к идиотам. Береза под окном стоит – тоже супер. И так на все что видите, слышите и ощущаете! Делать 30 дней, по часу каждый день, без пропусков. Если пропустили начинайте сначала.

☐

ГЛАВА 4. ОГОНЬ

«Не бойтесь делать то, что не умеете.
Помните, ковчег построил любитель, -
профессионалы построили Титаник»

Дейв Барри

Мы плавно перешли к созидающей стихии огня. Подчинение и покорение её даст возможность прожечь себе дорогу вперёд. Выжечь старые привычки, мешающие нам полноценно жить, научит ответственности и хитрости, без которых невозможно стать успешным и счастливым.

Мы научимся не болеть, зарабатывать деньги, избавимся от завистников. Выстроим свою маленькую империю, в которой не будет места злу и ненависти. В которой лень останется в далёком прошлом. Империю, которой мы сможем гордиться, и которая подведёт нас к завершающей стадии благополучия.

Львы, стрельцы и овны – огненные знаки, будут покорять эту стихию играючи. У них в крови заложены гены, которые позволят с лёгкостью преодолеть этот непростой отрезок обучения. Благодаря своей врождённой нетерпеливости и вспыльчивости, они будут «проглатывать» информацию на лету и, как губка, впитывать только наиболее значимые её моменты.

Тем, кто в полной мере усвоил и закрепил на практике знания, полученные из предыдущих глав, огонь только поможет стать сильнее, а тем, кто ещё что-то упустил, я советую вернуться и ещё раз углубиться в сложные моменты. Мне бы хотелось, чтобы эта книга стала неким путеводителем, а не просто интересным времяпрепровождением. Я всегда с гордостью наблюдаю за достижениями своих читателей, надеюсь, что моя коллекция пополнится ещё на несколько сотен историй успеха.

Что там с фотографиями, после покорения водной стихии, они должны очень сильно измениться в лучшую сторону. Но, смотреть пока рано, пока ещё просто фотографируем.

Я по поводу фотографий до и после хотел рассказать вам одну историю. Всех своих читателей я всегда прошу отправлять мне первую и последнюю фотографии, т.е. перед обучением и после его окончания. Однажды я получил очередной набор и сразу даже не понял, потому что создалось впечатление, что фото принадлежат матери и дочери: схожие черты лица, контур губ и глаз, но разница в возрасте лет двадцать, я не утрирую. Читательница уверяла, что это она настолько изменилась. Я, всё ещё не веря, попросил прислать весь период съёмок. И вот что заметил: после покорения первой стихии, изменения были не существенными, я бы даже сказал, что изменился только взгляд. От уставшего старушечьего до задорного девичьего. После покорения второй стихии, стало явно заметно отсутствие лишнего веса и более свежий цвет лица. После покорения третьей стихии – это уже настолько кардинальные перемены, что просто нет слов. Четвёртая стихия придала облику достоинства и аристократизма. Взгляд, полный уверенности, с чётким пониманием желаемого. Пятая стихия, внесла последние коррективы: лицо просто светилось от счастья. А в дополнение к фотографиям, Елена (43 года, г. Саратов) прислала небольшое письмо. В котором рассказала, как из «забитой» домохозяйки, которая сколько себя помнит, занималась только домашними хлопотами. Она превратилась в самодостаточную женщину, которая открыла свой маникюрный кабинет при салоне красоты и начала жить и дышать полной грудью. Теперь у неё и с домочадцами нет проблем, и деньги приличные водятся, и похудела на 24 килограмма, и выглядит лет на двадцать моложе. Наверное, если бы я не видел фотографии, то не поверил бы. А так, просто очень рад, что моя книга кому-то помогает и Елена нашла в себе силы, чтобы изменить свою жизнь.

4.1. Сказал - сделал.

В этом разделе я хочу поговорить об обещаниях, которые мы даём и том, насколько важно быть человеком слова. У меня в жизни есть принцип, которому я никогда не изменяю: если дал слово, то умри, но сделай. А вариант «постараюсь выполнить», вообще не рассматривается. Лет сто назад существовало понятие «слово офицера» - это означало, что обещанное будет выполнено не зависимо от обстоятельств. Такому слову доверяли безоговорочно. Людям, дававшим офицерское слово, везде был почёт и уважение. Я хочу, чтобы такое же отношение было и ко мне, поэтому всегда держу данные обещания, а если не уверен, что смогу выполнить, то просто не обещаю.

4.1.1. Обещание, данное ребёнку.

Дети, как губка, впитывают в себя всё, что видят. Все наши поступки для них пример для подражания. Понимая, что отец, давший обещание, его обязательно выполнит, ребёнок будет расти с чувством уважения к родителю.

Нарушить своё обещание, данное ребёнку – значит навсегда испортить отношения, которые строятся на доверии. Ребёнок, поверивший слову взрослого человека и не получивший обещанного, может получить тяжелейшую психологическую травму на всю жизнь. Он никогда больше не поверит вам, а ведь в жизни будет ещё множество обстоятельств, при которых без доверия никак.

Растя своего ребёнка, я отлично усвоил урок, что обещать можно только то, что можешь выполнить не зависимо от жизненных обстоятельств. Поэтому, обещания даю не часто и только после того, как хорошо всё обдумаю и взвешу все за и против.

Моё искреннее убеждение, что развивая в ребёнке навык выполнять обещанное на личном примере, вы строите крепкий мост взаимоотношений, который не смогут разрушить ни года, ни обстоятельства. И только тогда я смогу своим авторитетом уберечь своего ребёнка от жизненных глупостей. Потому что, доверив мне свои планы, он не отмахнётся от моих советов, потому что привык доверять моему слову.

4.1.2. Обещание, данное родителям.

Когда мы вырастаем и покидаем родительский дом, для наших родителей мы всё равно остаёмся маленькими детьми. Поэтому, они гораздо больше переживают за нас, чаще волнуются, а с каждым годом всё больше и больше любят. Поэтому, любое наше обещание они, как когда-то мы маленькие, воспринимают как нечто особенное, непоколебимое. И так же, как мы в детстве, горько плачут, не получая обещанное.

Тем более, им то не так много и нужно. Что мы обещаем им чаще всего – приехать на выходные. А приезжаем ли? Это уже как получается, ладно ещё, если внуков подкидываем, а если и на это времени не хватает. А ведь это родные для нас люди, а получается, что мы их предаём.

У всех свои заботы, работа, проблемы, дела. И какое нам дело до того, что мама испекла клубничный пирог, а отец достал из погреба наши любимые огурчики, нам некогда, мы не приехали. А глядя на то, как поступаем мы со своими родителями, так будут поступать с нами и наши дети. Это факт, они всё видят, они запоминают.

Я стараюсь никогда не давать родителям обещания приехать, если не уверен, что смогу вырваться. Лучше просто скажу: «не знаю, как получится», а потом сделаю сюрприз, чем порадую дорогих моему сердцу людей.

4.1.3. Обещание, данное второй половинке.

Как часто мы в конфетно–букетный период обещаем золотые горы: и всю жизнь любить, и шубу подарить, и по дому помогать. А потом всё как-то не до того: то денег нет, то времени, то сил, то желания. В итоге: ты козёл, скотина, всю жизнь мне испортил, а я тебе верила. Поэтому, хрен тебе, а не свежий борщ, пойди, свари себе пельмени. Всё, приехали. У женщин тоже бывают обещания. Мне вот знакомый рассказывал, что его жена до замужества совершенно серьезно пообещала ноги мыть ему каждый день. А моет ли? Да нет, конечно! Ему-то все-равно, наверное, но как-то обидно, вроде как обманули…

А ведь в момент обещаний мы, наверняка, были твёрдо уверены, что выполним обещание или нет? Может, думали, что вторая половинка всё забудет? А может, хотели от неё чего добиться, например, руки и сердца возлюбленной или предложения от молодого человека?

Ваше слово должно быть как кремень – твёрдым и непоколебимым. Даже женщинам не позволительно нарушать обещания, а уж мужчине и подавно. Не стоит превращаться в серую массу, для которой слово можно дать, а можно и взять обратно.

4.1.4. Обещание, данное самому себе.

Вот это, наверное, самое трудное. Потому что с собой можно всегда договориться, на себя, вроде как, не обидишься, да и вообще, что тут страшного. Решил больше не опаздывать на работу, дал себе слово выходить из дому на полчаса раньше, а потом утром решил немного поспать. Ничего, на работе то нагоняй ещё не дали, значит, время терпит. А обещание не выполнил, так устал, поздно лёг и ещё штук пятнадцать отмазок.

И вместо того, чтобы признать, что я тряпка и слабак, не умеющий держать слово даже перед собой, мы начинаем придумывать себе такие оправдания, что Тургенев позавидовал бы нашей фантазии. Причём оправдания все такие убедительные, правдивые, не подкопаешься.

А самому, где-то в глубине души, противно. Ведь хотел же по-другому, но толи силы воли не хватило, толь «жареный петух» ещё никуда не клюнул, а может не так-то сильно и хотел.

Возможно всё так, только разве такой человек сможет стать успешным и счастливым, если он, то деловую встречу проспит, то свидание? Я думаю вряд ли.

Устрою вам небольшой экскурс в ваш собственный мозг. Как вы думаете, почему люди не добиваются успеха и не становятся счастливыми. Полно ведь книг про это! Все просто потому, что они врут сами себе. Потому, что они еще в школе научились «отмазываться». Поясню. Опоздал человек на урок, ему говорят: «Где был?». А он в ответ правду! Да ладно, так не бывает почти! Врет он. Будильник сломался, ключ в двери застрял или неожиданно сосед сверху кухню затопил. И так все время, пока он не научится отмазываться, а происходит это быстро. В итоге и на работе так, и в семье, и с самим собой. Что ни решит сделать, не сделает, т.к.

значительно проще придумать отмазку, чем начать бегать каждое утро или на работу перестать опаздывать. Поэтому, я настоятельно вам рекомендую прямо сейчас перестать врать себе, перестать отмазываться и начать выполнять обещания, данные и окружающим и себе лично.

Наверное, можно ещё долго разглагольствовать на эту тему, но я хочу закончить этот раздел словами великого Альберта Эллиса: «Лучшие годы вашей жизни – это когда Вы решаете, что Ваши проблемы принадлежат Вам. Вы не вините в них мать, экологию или президента. Вы осознаете, что сами контролируете свою судьбу».

4.2. Теперь болеть некогда.

Мы с детства привыкли к волшебной фразе: «мама, у меня болит…» и всё, можно никуда не идти, валяешься целый день в постели, мама приносит что-нибудь вкусненькое. Причём, совершенно не важно, болит или нет, но болезни решают все наши проблемы. Переходя во взрослую жизнь, мы, пользуясь накопленным с детства навыком, бежим к врачу, берём больничный лист и опять все проблемы решены: на работу можно не идти, валяешься целый день в постели…

А на самом деле проблем становится всё больше, потому что на работе на нас не могут рассчитывать – это и понятно, кому нужны сотрудники, которые чуть что, сразу на больничный. Дома на нас смотрят, как на тунеядцев, а от постоянного внушения о болезни, она на самом деле, рано или поздно, приклеивается к нам так, что уже не оторвёшь.

Или другая история: ещё не понятно в каком боку кольнуло, а мы уже, работая на опережение, бежим сдавать миллион анализов, упаковками глотаем выписанные таблетки и гробим свой организм полностью. Даже не задумываясь о том, что вчера на ночь отлично поужинали копчёной курочкой, запили её пару литрами пивка, но в нашем состоянии виновата экология.

Мы уже говорили о здоровом питании, о необходимости организма в воде, витаминах, микроэлементах и спортивных нагрузках. Причём независимо от того, есть у нас лишний вес или нет. При выполнении элементарных действий, можно избавиться от целого «букета» заболеваний, в том числе и хронических. Упоминали и о материальности мыслей, благодаря которым мы можем притягивать к себе неприятности и болезни. И о позитивном настрое, к которому не смогут «прицепиться» ни проблемы, ни болячки.

Помимо всего прочего, болезнь – это самый популярная отмазка. С больного какой спрос. Это все с той же замечательной школы тянется, когда и болеть выгодно и отмазываться надо научиться.

Когда человек постоянно на положительной волне, чем-то занят – ему просто некогда болеть. Потому что чем больше мы его «лечим» таблетками и причитаниями, тем хуже ему становится. Так вот, в этом разделе я хочу немного поговорить об альтернативе химических лекарств – натуральных продуктах. Дам несколько рецептов от моей соседки бабы Вали (об успокоительном чае вы помните) и ещё, кое-что расскажу.

4.2.1. Природа – лучший доктор.

Мы с детства знаем, что лук и чеснок – это панацея от всех вирусных заболеваний, а бананы – отлично поднимают настроение. Но существует ещё ряд продуктов, которые отлично справятся с нашими недугами, при этом совершенно не испортят ни фигуру, ни печень, ни цвет лица. Давайте по порядку:

➢ Мёд. Признанные всеми учёными мира, свойства мёда позволяют не только унять боль в горле и сбить температуру, но и повысить иммунитет. Только не все знают, что добавлять его необходимо не в горячие, а в тёплые напитки (молоко, чай, йогурт). Им лучше всего заменять сахар в повседневной жизни. Так что ложка мёда каждый день – нам болеть совсем уж лень.

➢ Миндаль. Отличное средство от ПМС. Регулярное его употребление снижает динамику перепадов настроения и болезненных ощущений на 50-60%. Это, конечно не 100%, но уже гораздо лучше. Только не забывайте о калорийности миндаля, поэтому чередуйте его с брокколи, печенью или молочными продуктами, в общем всем, в чём есть витамин В2. Мужчинам слово «ПМС» может и не знакомо, но им миндаль полезен не меньше, т.к. стимулирует работу мочеполовой системы.

➢ **Фасоль.** Богатая клетчаткой, она отлично нормализует работу кишечно-желудочного тракта, избавляя нас от изжоги. К тому же способов её приготовления масса, поэтому можно разнообразить меню.

➢ **Тыквенные семечки.** Богатые на магний, они чистят и расширяют сосуды головного мозга, избавляя нас от головных болей и митреней. Так что пол стакана сырых семечек каждый день - и никакая метеозависимость вам не страшна.

➢ **Вишня.** Отличное средство для страдающих от смены часовых поясов при длительных перелётах. Богатая на мелатонин, витамины А и С, вишня способна не только справиться с джатлагом(синдромом изменения часового пояса), но и противостоять вирусам. Правда, употреблять необходимо только кислые сорта, т.к. сладкие не обладают такими свойствами.

➢ **Имбирь.** Корень этого чудо продукта обладает огромным спектром лечебных свойств: снимает мышечную боль, предотвращает укачивание и тошноту, улучшает пищеварение, снимает воспаление и повышает сексуальную активность. Пару чайных ложек в день и жизнь прекрасна.

➢ **Киви.** Богатый серотонином, заморский фрукт помогает справляться с бессонницей. Буквально половинка плода на ночь перед сном поможет быстро засыпать и спокойно отдыхать всю ночь.

4.2.2. «Бабушкины» рецепты здоровья.

➢ Чай против повышенного артериального давления.

Взять две столовые ложки сухих листьев брусники (измельчённых), закинуть в чайник и залить кипящей водой (где-то стакана полтора). После пятиминутного настаивания добавить столовую ложку сахара, всё тщательно перемешать и пить тёплым, после еды.

➢ Настойка для улучшения сна.

Взять две столовые ложки измельчённого корня валерьяны и одну столовую ложку измельчённой травы пустырника, закинуть в эмалированную посуду, перемешать и залить 400 миллилитрами кипящей воды. Поставить на огонь минут на пять. Затем всё остудить и процедить через мелкое ситечко. Принимать необходимо минут за десять — пятнадцать до еды по одной столовой ложке пять раз в день. Эту же настойку можно использовать при болях в сердце, спазмах кишечника. Отлично снимает нервозность и раздражительность.

4.2.3. Правила употребления лекарственных трав.

Лекарственные травы — очень сильное природное средство от болезней, но просто жевать всю подряд траву в любых количествах — это глупо и безрассудно. Поэтому, как и для лекарств, для трав есть правила приёма. Давайте кратенько о них поговорим, просто чтоб потом не было: «а вы не предупредили».

➢ Все растения имеют разную силу. Поэтому, как только решили начать лечение, возьмите самые слабые травы и сборы. Если они вам подойдут и помогут, переходите на более сильные.

➢ Отдавайте предпочтение не фито-препаратам, на основе трав, а непосредственно травам. Потому что при обработке (особенно термической), растения теряют ряд своих свойств и их действие становится менее выраженным.

➢ Используя для лечения сборы трав, выбирайте те, в которых не более пяти наименований. Более сложные смеси могут дать непредсказуемый результат и зарубить на корню всё лечение.

➢ Не порите горячку. Лечение травами должно длиться не менее трёх недель, если вы, конечно, хотите получить результат. От двух-трёх дней толку не будет. Терпение, друзья мои, терпение. При тяжёлых или хронических заболеваниях, лечение вообще длится несколько месяцев.

➢ Лечение травами, тем не менее, лечение, поэтому лучше посоветоваться с врачом (фитотерапевт, есть такой), а уже потом начинать эксперименты.

➤ Начиная применять новый сбор, начните с половины дозы. Понаблюдайте за организмом, если всё отлично, переходите к обычной норме.

➤ Если вы аллергик, то очень внимательно изучайте состав травяных сборов перед употреблением, иначе быть беде.

На этом вопрос здоровья закрываем. Мы всё выяснили и всё уяснили. Поэтому, больше не болеем, кушаем витамины и занимаемся спортом.

4.3. Решаем проблему отсутствия денег.

Извечная проблема отсутствия денег – это всемирный коллапс. Денег всем постоянно не хватает и, зачастую, отложить на «чёрный» день лишнюю тысячу рублей – это на грани фантастики. Причём, чем больше становится денег, тем выше потребности и опять постоянная нехватка. В этом разделе я хочу поговорить и о том, какими бывают категории людей, жалующихся на отсутствие денег, и о том, где скрывается ваша заначка, и о том, как можно приумножить свой доход.

4.3.1. Уровень жизни.

Я часто сталкиваюсь с ситуациями, когда люди, не понимающие принципов заработка денег, начинают заниматься инвестициями до того, как создали себе подушку безопасности (в финансовом плане) или чего хуже (для них самих), начинают заниматься помощью соседям и родственникам ещё до того, как решили собственные финансовые проблемы.

На тот свет ничего с собой не заберёшь, так для чего же вообще необходимо зарабатывать деньги? И как ими грамотно распорядиться, чтобы они приносили себе подобных, а не таяли в бездне расточительства. Давайте рассмотрим этапы роста финансовой стабильности.

Начнём с низшего уровня, на котором человек вообще не имеет ничего за душой и поднимемся до верхушки айсберга, где финансовая стабильность личности не вызывает никакого сомнения. Чем выше уровень финансовой стабильности, тем меньше людей на нём находятся, потому что уровень доходов пропорционально увеличивается, а возможностей и ресурсов на всех не хватает.

Нулевой уровень. Жизнь в постоянном состоянии займа.

Это постоянные долги, средств не хватает от зарплаты до зарплаты, а возможно доход вообще равен нулю. Чтобы дотянуть до следующего месяца, необходимо снова занять денег и постоянно зависеть от помощи окружающих, которым это всё уже порядком надоело.

На этом этапе необходимо принять волевое решение и перестать брать новые кредиты, чтобы рассчитаться со старыми. Начать искать способы увеличения дохода: соглашаться на любую низкооплачиваемую работу, сократить количество выходных, увеличить продолжительность рабочего дня, отказывать себе во всём, кроме пищи. Максимально быстро закрывать все кредиты (пока ноги не вытянули от такой жизни), потом раздавать долги родственникам и только после этого переходить на следующий уровень.

Первый уровень. Без долгов, но в трепетном ожидании зарплаты.

На этом уровне уже нет долгов и кредитов, денег хватает на самое элементарное: пища и аренда квартиры (или оплата собственной), работа приносит стабильный, но не большой доход. Но на одежду, или развлечения, или отпуск – увы, нет.

В таком положении дел крайне важно тщательно проанализировать доходную и расходную статьи финансовых потоков (в смысле: а не тратим ли мы больше, чем зарабатываем), непременно искать способы экономии и сокращения расходных статей. Отказаться от спонтанных и необязательных покупок. Откладывать, хоть понемногу, ни в коем случае не влезать в кредиты и в итоге добиться остатка денег к концу месяца, которые можно смело отправить в заначку.

На этом уровне уже не стоит браться за любую работу, необходимо постоянно повышать свою квалификацию, получать дополнительные образования, оттачивать старые и приобретать новые навыки (например, взяв на себя дополнительные обязанности на работе). Обязательно искать возможность дополнительного заработка в свободное время.

Второй уровень. Счастье уже близко, есть некая уверенность в будущем.

Здесь уже всё попроще: есть сбережения, которых достаточно, чтобы решить какую-либо затруднительную ситуацию, есть уверенность в завтрашнем дне. В заначке отложено от четырёх до десяти месячных зарплат, на случай пожаров, потопов, наводнений или цунами.

Это ещё не уровень расточительства, поэтому стоит продолжать «кормить заначку», отказывая себе в новых телефонах или перекусах в дорогих кафе. Можно доверить свои сбережения банку и получать дополнительный доход, но откладывать максимально много. На этом этапе уже можно начинать баловаться с инвестициями, но не больше 15% от накопленной суммы. А вот с благотворительностью в виде займов на неопределённый срок друзьям и родственникам, стоит повременить.

В такой момент уже можно начинать покорять лестницу карьеры, переходить на руководящие должности или искать более высокооплачиваемую работу.

Третий уровень. Устойчивая почва под ногами.

Когда заначка солидно превысила десять месячных зарплат, можно начинать солидный образ жизни, в виде покупки машины, квартиры или собственного бизнеса. Причём машину уже можно покупать, не влезая в кредиты. В такой ситуации уже можно позволить себе немного себя побаловать разнообразным досугом и не очень нужными покупками.

Ваша большая часть капитала, естественно, в банке на определённых процентах, небольшая часть вложена в рисковые инвестиции (там доход гораздо больше), а вы усиленно продвигаетесь по карьерной лестнице, занимаете только высокооплачиваемые руководящие должности. Понемногу запускаете личный бизнес.

Четвёртый уровень. Уже богач, и жизнь прекрасна, но...

Уже куплена квартира, а пару раз в год вы можете позволить себе путешествия по всему миру с остановкой в роскошных отелях. Вы без тени сомнения покупаете дорогие автомобили, да и вообще, позволить себе можно уже многое, но ещё не всё.

Это этап активного инвестирования: акции, фонды, облигации, личный бизнес, инвестирование в чужой бизнес (естественно с финансовой выгодой), диверсификация активов, приобретение коммерческой инвестиционной недвижимости. Уже можно открывать второй бизнес и занимать ТОПвые руководящие должности. И, продолжая «кормить заначку», увеличивать долю пассивного дохода в общем обороте прибыли.

Пятый уровень. Ваша фамилия надёжно вписана в список Forbes.

Яхты, виллы, газеты, пароходы, самолёты, футбольные и хоккейные клубы, несколько направлений бизнеса. Роскошь вываливается из всех шкафов. Ferrari – это автомобиль для прислуги. Ну, в общем, поняли – жизнь удалась. Теперь, самое время поглощать крупные предприятия с целью управления и владения. Лоббирование своих интересов в правительстве. Диверсификация, рисковые инвестиции в активы с высокой прибыльностью. Вот на этом этапе можно начать заниматься благотворительностью. Причём безвозмездно, т.е. даром.

Шестой уровень. Меценат, филантроп или другими словами: «здравствуйте – Царь».

Это уже исторические личности. Они начинают не понимать, куда бы ещё потратить деньги с целью развеяться, а то уже скучно лежать в ванне с шампанским. Начинают опекаться представителями бомонда: певцы, музыканты, артисты, художники. Заводят себе экзотических животных в личных зоопарках, покупают на сдачу острова, ну, в общем, без дела не сидят.

Деньги зарабатывать уже скучно, пассивного дохода хватит лет на шестьсот-семьсот, поэтому, можно заниматься благотворительностью, инвестировать в безумные проекты, играться с историей человечества. Увеличивать доход уже нет смысла, потому что все деньги и так здесь.

Да, дойти до шестого уровня не всем под силу, хотя с другой стороны, может это и хорошо, потому что, если бы это было так легко, то стало скучно и неинтересно. Основная масса чувствует себя абсолютно счастливо на втором – третьем уровнях, понимая, как стабильно держаться на плаву и где всегда можно заработать денег. А вот мы с вами, при желании, сможем легко дойти до четвёртого уровня, а начнём с поиска бесследно уходящих финансов.

Да, представителям пятого и шестого уровней дальше можно не читать, лучше пойдите, поиграйте с тигром, он скучает.

4.3.2. Ищем бесследно ушедшие финансы.

Вы когда-нибудь ловили себя на мысли: «куда деваются деньги»? Думаю, да. Это извечная дилемма, сначала не понятно, куда и зачем потратили, а потом не хватает на самое необходимое. А ведь, при грамотном подходе к деньгам, можно сэкономить от пяти до пятидесяти тысяч рублей ежемесячно. А сэкономленными деньгами «покормить заначку» и, глядишь, через время, можно будет выходить на новый уровень финансового благополучия.

Мы уже неоднократно говорили о планировании, только раньше мы научились планировать свое время, а теперь научимся планировать свои расходы. И так, способы экономии личного бюджета:

Бутерброд на работу.

Я понимаю, что тащить с собой бутерброды в кулёчках или комплексный обед в контейнерах – это не очень удобно, гораздо легче заскочить в кафешку и перекусить. Но, отказ от «кафешечных» перекусов, позволяет сэкономить от ста до пятисот рублей в день, а это, на секундочку – до десяти тысяч рублей в месяц. Я думаю, оно того стоит.

Одежда на один раз.

Вы собираетесь на свадьбу или корпоративный вечер, а может просто решили, в кой том веке сходить в театр – отличный повод купить себе новый костюм или платье. Одеть то, как обычно, нечего. Мероприятие особенное. Поэтому и наряд должен быть соответствующим – согласен. Только этот наряд вы оденете один раз, и потом он будет пылиться в шифоньере, пока его моль не съест. А ведь можно просто попросить его у друга или подруги (наверняка их моль уже присмотрела подобный вариант перекуса), или взять на прокат. В этом нет ничего страшного, ну оставите голодной моль, не переживайте. Она найдет, чем поживиться, зато, сколько денег сэкономите.

Не дадим моли шансов.

Переберите свой шифоньер, я уверен, что там масса вещей, которые вы уже не носите: толи размер уже не ваш, толи просто надоели, а может цвет больше не дополняет образ загадочностью. В общем, соберите всё это хозяйство и сдайте в комиссионный магазин, секонд-хенд или в интернете на сайтах купи – продай. Только не забудьте всё постирать и погладить, так вам за них больше денег дадут. А дальше на своё усмотрение: можно в заначку, а можно купить что-то крайне необходимое.

Перенесите салон красоты на дом.

Услуги салона красоты – это не дешевое удовольствие. Поэтому, стоит часть процедур выполнять самостоятельно либо при помощи подруг. Например, окрашивание волос: средняя стоимость такой процедуры в салоне от полторы до пяти тысяч рублей, в зависимости от краски, бренда, ремонта в салоне и его арендной платы. В то время как окраситься дома, даже хорошей дорогой краской, вы сможете максимум рублей за двести – триста. Тоже самое и маникюр с педикюром, не время пока на это деньги тратить, потом оторвётесь по полной.

Автоматическая заначка.

Наверняка у вас есть сберегательный счёт, если нет, то обязательно его заведите. Подключите услугу автоматического перевода определённой суммы с зарплатой карточки на сберегательную. Пусть это будет не большая сумма, например, полторы – две тысячи, но таким образом, вы будете гарантированно иметь ежемесячную дополнительную заначку. А три – четыре тысячи ежемесячно да плюс депозитный процент банка – чем вам не стартовый капитал на будущее.

Завязывайте с расточительными посиделками.

Хотя бы на одних выходных не идите с друзьями в бар, чтобы выпить и поболтать. Поездка на такси туда и обратно, выпить, перекусить, заказать пару песен в караоке – всё хана заначке. Дорогая ночная жизнь позволяет легче расставаться с деньгами, а сейчас не тот период. Соберитесь лучше у кого-нибудь дома, каждый принесёт с собой и выпивку и закуску, и вы отлично посидите. Пригласите всех к себе и на такси сэкономите. Скромность украшает человека, зачем эти барские замашки постоянно, внесите разнообразия в жизнь.

Откажитесь от клининговых услуг.

Да. Не все в состоянии позволить себе домработницу, но некоторые настолько не желают заниматься домашним хозяйством, что прибегают к услугам клининговых компаний для одноразовой или постоянной уборки жилища. Согласен, это удобно, но отказавшись от такой траты денег, можно сэкономить до пяти тысяч рублей ежемесячно. Причём и калории лишние растрясутся, и может, что интересное найдётся, например, любимые носки.

Замените спортзал.

Я ни в коем случае не призываю отказаться от занятий спортом. Просто тренажёрный зал можно выбрать по скромнее или временно перенести тренировки на спортивную площадку около дома. Это необходимость временной экономии. К тому же, чаще всего, покупая абонемент, мы не пользуемся большинством услуг, предлагаемых залом, но это не влияет на его стоимость. Поэтому выбирайте тот, где перечень необходимых вам услуг будет пропорционален стоимости абонемента.

Планируйте поездки заранее.

Если вы заранее планируете поездки, то не поленитесь купить и билеты тоже заранее. Экономия может быть до 20% от стоимости, а если речь заходит о самолёте, то три тысячи рублей лишними не будут. Причём можно без проблем выбрать любой рейс. А не только тот, на который остались билеты втридорога.

Следите за возможностью оптимизации кредитов.

Имея кредит, постоянно проводите мониторинг кредитных предложений других банков. Если они предлагают кредиты под меньшие проценты, то просто сделайте рефинансирование. Вы просто расплатитесь более дешёвым кредитом за более дорогой, и продолжите платить уже гораздо меньшие суммы.

Переведите личный бюджет на еженедельный расчёт.

Распределите месячную зарплату на четыре недели, чтобы тратить только недельный запас. Таким образом, вы сократите покупку мелких и не совсем нужных вещей в совокупности до трёх тысяч в месяц.

Подберите себе подработку.

Разберитесь в своих навыках. Вы можете отлично выполнять дополнительную надомную работу в виде фриланса, репетиторства, дизайна. Можете вязать, шить, заниматься ремонтными работами, переводами для частных лиц. Масса дополнительных занятий, которые позволят заработать дополнительные пять – десять тысяч рублей.

В магазин, только со списком.

Никогда не ходите в магазин голодным и без списка необходимых покупок. Только таким образом вы можете приносить домой только необходимые продукты, а не пакет шоколадок, чипсов и прочей ерунды, на которую потратите уйму денег.

Вредные привычки.

Не собирался об этом говорить, но уж если действительно необходимо сэкономить, то отказавшись от курения, вы сэкономите порядка пяти тысяч рублей в месяц. Про спиртное отдельная тема. Пить, мало того, что дорого, так это и вредно ужасно. И не верьте рекламе, что бокал хорошего вина за ужином полезно. Вредно это! А если вино сильно хорошее, то еще и накладно.

Потратьтесь на фильтр.

Да, пить воду из-под крана – это не выход. Но на бутилированную воду вы тратите солидные деньги. Фильтр поможет сократить эти расходы, а средства на его покупку окупятся за пару месяцев (в зависимости от выбранной модели). Поэтому, просто нальёте себе в бутылку и будете спокойно пить.

Страхуетесь? Умно.

Страховаться безусловно нужно, но без крайностей. Действительно есть обязательные страховки, без которых никак, например, страховка на автомобиль. А вот остальные стоит пересмотреть – они вам точно нужны или это самоуспокоение, причём за «бешенные» деньги.

Хватит кормить мышей.

Сколько старого хлама у вас в гараже, на чердаке, в комоде или где вы там ещё его прячете. Ненужные кастрюли, инструменты, бытовая техника, ковры, мебель. Вы ими уже давно не пользуетесь, а они только разводят пыль и создают комфорт для грызунов. Переберите всё это приданное, дайте объявление в интернет, продайте, и у вас появится уйма свободного места и дополнительные деньги, которыми можно, опять-таки, «покормить заначку».

Пересмотрите условия банка.

Вы наверняка пользуетесь кредитной картой. А какой на ней срок беспроцентных каникул? Возможно, это не самое выгодное предложение и есть банки, которые позволят пользоваться такой картой, на гораздо более выгодных условиях. И возьмите за правило, погашать свой долг по кредиту, в течение этих каникул, так вы сможете пользоваться деньгами банка, не заплатив за это. А вообще кредитная карта – это кредит под большие, чем обычный кредит, проценты. Просто так же, как и в любой продаже, банки используют несколько маркетинговых трюков, например, беспроцентного периода или бесплатного выпуска карты. Поэтому, по возможности, откажитесь от кредитки совсем.

Пересмотрите ваше питание.

Мы уже неоднократно говорили о правильном питании, поэтому теперь только хочу подчеркнуть, что это ещё и экономически выгодно, тысяч так на десять в месяц.

Делайте покупки на распродажах.

Совершая покупки на распродажах и дисконтных магазинах, можно экономить на каждой вещи от трёх тысяч рублей. При этом не терять в качестве и не переходить на второсортную одежду. Между прочим, так живёт вся Европа и Америка и отлично себя чувствует. Зимние вещи покупайте весной, летние осенью, так вы сэкономите до 50% от их стоимости.

Не пренебрегайте социальными налоговыми вычетами.

Практически любые расходы на лечение и приобретение медикаментов можно сократить, воспользовавшись программой социальных налоговых вычетов. Для этого не выбрасывайте чеки, платёжные документы, договора и счета, а в начале каждого года оформляйте возврат денег из государственного бюджета.

Вы смотрели фильм «библиотекарь».

Огромное помещение, заставленное сверху до низу книгами, а вашем случае ещё и дисками – продайте всё это. Оставьте себе несколько, которые хотели бы со временем перечитать, а остальные продайте. Сэкономите кучу денег на новые, библиотекарь, блин.

Время собирать камни.

Какое количество людей вам должны деньги? Вот, посчитайте и соберите долги. Сейчас не лучшее время для благотворительности, поэтому друзья должны это понимать.

Бартер пробовали?

Сейчас существует масса сайтов, где люди, дабы сэкономить наличность предлагают бартер, например, я с вашей собачкой погуляю, а вы мне стрижку сделаете. Это очень удобно и выгодно, только с начала определитесь, что предлагать будете.

Где заморожены деньги?

У вас, наверняка, найдутся подарочные карты, которые вы не используете. Продайте их, пока срок годности не истёк, только деньги в заначку или на депозит.

Игрушки, они везде.

У ваших детей, сто процентов, невероятное количество игрушек, игр и прочей ерунды, с которыми они уже давно не играются - всё это можно легко продать или выбросить, но лучше продать и в доме чище и депозиту веселее.

Смените время развлечений.

Любите походы в кинотеатры? Отлично, ходите туда утром или поздно ночью, а лучше вообще смотрите кино дома. Потому что за четырёхмесячный бюджет походов вдвоём по кинотеатрам, да ещё с попкорном и напитками – можно домой плазму купить.

Не слушайте врачей.

Никогда не покупайте лекарства, прописанные врачом, у каждого лекарства есть до десяти аналогов, которые стоят процентов так на 500 дешевле. При этом имеют абсолютно одинаковый состав. Не верите, вот пример: Зовиракс – 190 рублей, идентичный аналог Ацикловир – 22 рубля. Проценты считать будем?

Перестаньте платить за бренды.

Вы отлично понимаете, что реклама стоит больших денег, только платим за эту рекламу мы с вами. А разницы между молоком «Супер КОРОВА» и просто молоком — нет, так зачем нам переплачивать какой-то рекламной бурёнке? То же самое касается и косметики, и средств гигиены, и бытовой химии. Поэтому, вообще не смотрите рекламу — это развод на деньги.

Телевизор.

Мы уже договаривались, что смотреть телевизор не будем. Поэтому немедленно отключайте спутниковое телевиденье, всё равно там смотреть нечего.

Становитесь клиентами интернет – магазинов.

Сейчас в интернет – магазинах можно купить всё: от хлеба до космического корабля. При этом цены гораздо ниже, потому что экономят на аренде помещения, да и система налогообложения иная, не в этом суть: просто, быстро, удобно и продавцы не хамят.

Я думаю достаточно способов экономии средств, причём заметьте, мы даже до стирки пакетов не дошли, а уже, сколько потерянных денег нашлось. Надеюсь, теперь экономить мы научились, будем учиться искать дополнительный доход.

4.3.3. Как дополнительно подзаработать.

Ну вот мы и дошли до возможностей подзаработать дополнительные деньги. Я хочу остановиться на основных способах дополнительного заработка, но уверен, что ваша фантазия и способности позволят значительно расширить этот список.

Подработка на основном месте работы.

На вашем предприятии или компании, в которой вы работает, наверняка найдётся дополнительная работа: курьера, охранника, секретаря, делопроизводителя или клининг–менеджера. Всегда можно взвалить на себя ещё немного обязанностей или задержаться на пару часов, чтобы заработать дополнительные три – пять тысяч рублей.

Репетиторство.

Всегда можно позаниматься со студентами или учениками, а возможно даже взять на себя выполнение курсовых ли домашних работ. Репетиторство – это отличный способ заработать, причём даже для студентов.

Подработка по специальности.

Самым бюджетным специальностям гораздо проще найти себе подработку: учителя, врачи, водители, юристы, бухгалтера, строители. Вы всегда можете оказывать услуги вашим знаком и не знакомым людям: делать уколы, назначать лечения, подготавливать к поступлению или экзаменам, готовить отчёты в налоговую, ремонтировать, составлять договора, да миллион всего. Это будет дополнительная прибавка к доходу, оттачивание навыков и расширение круга знакомств, который, как известно, лишним не бывает.

Хобби должно приносить доход.

Если ваше хобби не просмотр сериалов, то значит есть люди, которые готовы за него платить. Вы посвящаете этому своё свободное время, получаете удовольствие и зарабатываете деньги. Причём в ход пойдёт всё: создание сайтов, написание статей, вязание, создание интерьеров и дизайн проектов, шитьё мягких игрушек, написание картин, создание украшений – всё, абсолютно всё. Дополнительные три – пять, а то и десять тысяч рублей ежемесячно гарантированы.

Кулинарные способности.

Одна моя знакомая печёт торты на заказ. Стоимость одного такого шедевра от тысячи до десяти тысяч рублей. Методом простой математики подсчитаем: в месяц она получает заказы на десять тортов, средней стоимостью две тысячи рублей, при этом себестоимость торта – тысяча рублей. Итого прибыть составляет от десяти тысяч рублей ежемесячно.

Фриланс.

Если с компьютером вы на «ты», то работа по направлению фриланса – это ваш дополнительный доход. При этом вы будете набирать тексты, создавать таблицы, искать и размещать информацию, писать статьи или переделывать чужие. В общем всё это в свободное от работы время по вилам и способностям, а платить за это будут до десяти тысяч рублей в месяц.

Салон красоты на дому.

Запишитесь на краткие курсы по маникюру, массажу, косметологии, визажу, парикмахерскому искусству. До великого гуру после курсов, конечно далеко, но зато всегда будете с подработкой, а потом может так понравится, что сделаете это своим бизнесом, я же рассказывал об успехах своей читательницы, так вот с курсов она и начинала. А поначалу пять – десять тысяч рублей не помешают в семейном бюджете.

Найдите применение своей силе.

Идите грузить вагоны. В этом нет ничего зазорного. Доход до трёхсот рублей в час, современная техника, позволяет не убиваться в хлам и, кстати, так подрабатывал в своё время даже Билл Гейтс. Да, да тот самый, который теперь один из богатейших людей планеты.

Мини детский сад.

Вы всегда можете присмотреть не только за своим, но и за чужим ребёнком. Сходить с ним погулять, в цирк, в парк. Пригласить его к себе домой и устроить там мини детский сад. Оплата за такие услуги составляет от ста до двухсот рублей в час, а ведь можно присматривать и за несколькими детьми сразу.

Подработка для молодёжи.

Эта практика пришла к нам из европейских стран, где молодежь не стесняется помыть лобовое стекло или вынести мусор на перекрёстках или стояках супермаркетов. Тут, конечно, нет таксы, кто сколько заплатит, но за несколько часов 500-600 рублей – это не плохо, по-моему.

Простая подработка, быстрая оплата.

Расклеивание объявлений, распространение листовок, участие в промо мероприятиях. Доход – от пятисот рублей в день. Тоже не плохие деньги, за несколько часов несложной работы.

А можно ещё выращивать зелень и овощи, делать пельмени и вареники, творог и сметану, подрабатывать дворником или почтальоном, курьером или садовником — масса вариантов. Просто было бы желание.

Только возьмите за правило, не тратить заработанные деньги, а складывать их в «кубышке», а лучше в банке на депозите, тогда со временем, у вас и сформируется финансовая подушка безопасности.

4.4. Избавляемся от «доброжелателей».

К сожалению, не все люди идеальны и, зачастую, успехи друзей, родственников или коллег начинают их настолько раздражать, что просто не дают спокойно жить и спать. Мы делаем решительные попытки улучшить себя и свою жизнь, стать успешнее, счастливее, здоровее, а они, вместо того, чтобы заразиться положительным примером или просто искренне порадоваться, начинают готовить планы коварной мести. Причём, некоторые просто начинают неистовость, прилагая максимум усилий, чтобы просто раздавить человека, уничтожить все его надежды и начинания. Растоптать его и его будущее.

В ход пускаются все средства: сплетни, насмешки, интриги. Такие «доброжелатели» будут выбивать вас из колеи, трепать ваши нервы и всячески ухудшать ваше физическое и моральное состояние. И в таком случае, нужно давать отпор, можно, конечно, открыто послать на… А можно и немного по-другому — добиться цели, результат будет виден не сразу, конечно, но тем слаще будет наблюдать за их бессилием.

Чем они вообще занимаются? Просто уничтожают вас. Им кажется, что вы, и только вы, представляете для них опасность, как будто став успешнее, вы начнёте представлять угрозу их овоще подобному существованию. Не физическую, конечно, а моральную. Им будет страшно и дискомфортно ощущать себя ничтожествами у ног «царя». Они жили в своей зоне комфорта, как впрочем все остальные обезьянки в этом заповеднике. А вы, «сволочь такая», пытаетесь разрушить их чудный мир «дом-работа-телевизор, интернет» своим стремлением к лучшей жизни. Никто не должен жить лучше! Почему? Потому, что приматам так удобнее. А вы, вдруг, решили. Да кто вам вообще давал право решать, почему с ними не посоветовались, они бы обязательно рассказали и посоветовали, что вылезать из грязи плохо, не по-человечески.

Поэтому нужно срочно не дать вам этого сделать, а то не дай Боже, ещё вас начнут им в пример ставить и тогда вообще жить незачем. И тут бы эту энергию да в мирное русло, но это же напрягаться нужно, что-то делать, думать. А коварные планы в голову сами лезут, и не важно, что потом мы можем стать врагами. Этот дурак, когда одумается, ещё спасибо скажет. Так что я ему же и помогаю.

И если это друзья или родственники, то с ними можно, хотя бы ограничить общение, а вот коллег по работе никуда не деть – они будут всегда и везде. И независимо от их целей, они стремятся к одному – заставить вас потерпеть фиаско, разочаровавшись в начинаниях и бросить задуманное.

Ваша реакция должна быть диаметрально противоположной: во что бы то ни стало процветать и расти на глазах. Естественно, видя ваши улучшения, они начнут более яростные атаки. Но, чем больше вы процветаете, тем тяжелее им с вами бороться. Чем успешней вы становитесь, тем больше они впадают в депрессию и соглашаются отказаться от своих планов.

Теперь реальные советы по борьбе с «доброжелателями»:

➢ Несмотря ни на что, испытывайте к ним только положительные эмоции. Эти люди достойны жалости и сочувствия, а не ненависти, в конце концов, они делают нас сильнее, позволяя назло врагам, добиваться поставленных целей. А, излучая доброжелательный настрой, вы будете приводить их в смятение и замешательство. К тому же, радужные импульсы передадутся окружающим и остальные начнут на них реагировать. Не бойтесь, собака, которая гавкает – не кусается.

➢ Займитесь самоанализом, определите свои слабые стороны и избавьтесь от них. Не давайте возможности уколоть вас в больное место. В любом случае, если не избавиться от слабых сторон, то всегда будут находиться те, кто захотят этим воспользоваться. А победив одних «доброжелателей», вы всегда можете наткнуться на других. Отгоните от себя негативные мысли, пусть они посещают ваших врагов, это ведь им нужно готовить коварные планы, а вам и так жить хорошо. Доверяйте своей судьбе и никогда не сомневайтесь в том, что каждый получает по заслугам.

➤ Внимательно проследите за ними, возможно, раньше вы и сами были не прочь продемонстрировать подобную линию поведения. Всё возвращается бумерангом: вас осуждают, а как часто вы судили чужие поступки, критикуют – а за вами таких грехов не водилось. Внимательно, очень внимательно присмотритесь к тому, что именно вас в них раздражает, скорее всего, это ваши гипертрофированные недостатки. Избавьтесь от них раз и навсегда, и вселенная отведёт от вас этих людей.

➤ Прощайте обидчиков, искренне прощайте. Пусть они видят, что их нападки не порождают в вас агрессию, а совсем наоборот. Им будет трудно и неинтересно продолжать вас доставать. Они просто остынут, им надоест. А вы продолжите гордо нести своё знамя победы.

4.5. Немного хитрости.

В этом разделе мы будем говорить о хитрости. Она нам очень пригодится в достижении наших целей. Только использовать мы её будем в положительном русле. Поэтому, никакого вреда никому не нанесём, при этом для себя извлечём пользу.

Хитрый человек умеет управлять другими людьми в личных целях. Стремится использоваться определённые уловки, чтобы мотивировать других, делать удобные для себя поступки. И так, если вы готовы использовать хитрость во благо, то начнём.

4.5.1. Проницательность.

Первый ваш помощник – это информация. И чем больше её у вас будет, тем проще будет выполнить миссию. Хитрые люди очень внимательны, от них не скроется ни одна мелочь, все, что другие пропустят или не заметят, хитрецы не просто увидят, они запомнят. От них никогда не скроются истинные мотивы, побуждающие к действию людей. Поэтому, перед принятием любого решения, необходимо собрать по максимуму информацию. Например, вы собрались провести собеседование, чтобы принять человека на работу. Соберите на него информацию из разных источников, а потом задайте самые каверзные вопросы. Он выпадет из зоны комфорта и раскроется с той стороны, которую не хотел бы демонстрировать перед вами. Запомните, информации никогда не бывает много, не забывайте это при принятии важных решений.

Самое главное – это мотивы. Хитрецы всегда вычисляют истинные мотивы, спрятанные за масками. Каждый человек постоянно врёт, кто-то по мелочам, кто-то по-крупному. Это нормально, так устроена жизнь, но умение видеть истинные намеренья подвластно только тренированным. Поэтому никогда и никому не верьте, нет, это не означает, что стоит всех подозревать во вранье, просто не верьте. Только информация поможет вам отличить ложь от правды и выявить истинные мотивы человека. Обращайте внимание на эмоции и жесты, они выдают лжецов. Вообще, всегда спрашивайте себя: «Зачем он это делает? Какая ему польза от этого?». Так вы сможете вычислить мотивы оппонента.

Не пропускай мелких деталей. Хитрецам просто необходимо тщательно изучать каждого, чтобы не упустить всех мелких деталей, они ещё не раз помогут в трудную минуту. Даже без видимых причин и особой необходимости, всё равно, коллекционируйте мелочи. Даже просто читая должностную инструкцию, не пробегайте по основным моментам, детали могут в будущем сильно сыграть вам на руку. И тут дело даже не в коварных замыслах, просто лишний раз кому-то обломаете возможность сыграть с вами злую шутку.

Всегда быть начеку. Вы, как разведчик, ни минуты отдыха и расслабления, полная концентрация внимания. Хитрым быть трудно, если вы уставший, внимание рассеивается и отвлекается, а нужно держать ухо востро. Поэтому всё опять сводится к здоровому образу жизни и полноценному отдыху. И не думайте, что лошадиная доза кофеина вас спасёт, может наступить и обратная реакция, причём в самый неподходящий момент.

Холодный разум и трезвый рассудок – ваши основные спутники жизни. Не позволяйте эмоциям управлять вами. Чем спокойнее вы будете, тем правильнее решение примете. Руководствуйтесь голыми фактами, а не подсказками сердца, они иногда бывают слишком сердобольными. Да, сложно заставить быть себя объективным, но ведь никто ещё в этом мире не смог принять удачное решение в порыве гнева. Просто держите себя в руках, волю эмоциям дадите тогда, когда рядом не будет ни одной живой души.

Слабые и сильные стороны вашего окружения должны быть объектом вашего внимания. Это чрезвычайно важно. Ваше оружие: «обман» и «уловки» (повторюсь, в хорошем смысле этого слова). Любым человеком гораздо проще управлять, если знаешь куда нажать, а нажать нужно на слабое место. Нажмёшь на сильное место – отдача не заставит долго ждать. Надавливая на слабые места, вы сможете заставить человека нервничать и принимать поспешные, а потому неправильные решения – это может быть нам выгодно. А пойдёте по сильной стороне личности, можете сами быть управляемы. Приведу пример из жизни. Когда-то давно мой друг работал на заводе начальником одного из отделов, и как-то так получилось, что не складывались у него отношения с главным бухгалтером. И вот, я даю ему совет. А что она любит? О чем ей нравится говорить? Оказалось, о дочери. Он, конечно, между делом стал интересоваться ее жизнью, где учится, как и т.д. А через неделю узнал, что та ищет практику на лето, попросил меня взять ее к себе. И всё! Натянутых отношений как не бывало и сразу все наладилось. Просто, да?

4.5.2. Саморазвитие.

Постоянная практика – вот залог успеха. Если от рождения вы хитрый и беспощадный человек, то я склоняюсь к мысли, что вы маниакальный псих. Умная хитрость – это навык который необходимо развивать и над которым нужно работать. Конечно, одни более хитрые от природы, другие более доверчивые, третьи вообще лохи по жизни, но независимо от вашей природной принадлежности вы можете улучшить хитростные качества путём тяжёлого труда и многочасовой практики. Тренируйтесь на «кошках», начните с простого метода подшучивания – это отличный способ. Не подвергая себя опасности, потренироваться. Большинство розыгрышей требуют от исполнителя навыков управлять эмоциями и предугадывать мотивы окружающих, вот и тренируйтесь.

Будьте глубоко скептичны и не принимайте никакое действие за чистую монету. Не доверяйте первому впечатлению – оно чаще всего обманчиво, тщательно анализируйте принятую и выдаваемую информацию. Не позволяйте себе с ходу оценивать людей, прилеплять им ярлыки – это путь в никуда. Мнение о человеке должно быть выверенным. Постоянно ищите причины, по которым человек либо врёт, либо скрывает правду – в любом случае он делает это ради выгоды — найдите эту выгоду. Зачем он это делает? Узнайте это и вы будете знать его следующий шаг. Это как в шахматах, просчитать на несколько ходов вперед. Возьмите для примера работу оперативников или журналистов. Они никогда не делают поспешных выводов, а сквозь кучи лжи, всегда докапываются до правды.

Будьте математиком, просчитывайте результаты заранее. Перед любым действием просчитайте несколько вариантов событий и подготовьте себя к каждому из них. Тогда, вас никогда не смогут застать врасплох, и вы будете готовы отразить любые нападки. Предугадывайте, вот ваша задача, предугадывайте и вырабатывайте тактику ведения боя. Разведчики, идя на задание, просчитывают все возможные варианты развития событий, до мелочей. Тогда, даже самый худший из сценариев, не бывает для них неожиданностью, потому что всегда есть план отступления. Опять же, все как в шахматах. Это, конечно, не победа, но лучше, чем смерть.

Ошибки будут, делайте из них правильные выводы и учитесь. Самые матёрые хитрецы иногда попадали впросак. А если вы ещё «ученик», то ошибок вам точно не избежать. Но нужно не раскиснуть и уйти в себя, а сделать «разбор полётов» из личных промахов. Это будущий опыт, он важен. Найдите момент, когда всё пошло не так, как вы этого хотите и не допускайте его вновь.

Проведите самоанализ, изучите себя со всех сторон. Выявлять и работать со слабыми сторонами других — это важно, но нужно и чётко знать свои слабые стороны, чтобы вовремя увильнуть, чувствуя, что вас начинают брать за гениталии. Только сделайте честную оценку: где сила, в чём слабость, что заставляет нервничать, на каком этапе не получается контролировать эмоции, а что наоборот открывает «второе дыхание» и позволяет соображать быстрее. Кроме вас, никто не сможет разобраться в этом, чтобы потренироваться и доработать прорехи.

4.5.3. Учимся не выдавать эмоций.

Не позволяйте лицу выдавать ваши эмоции, оно должно быть непроницаемым. Хитрец должен не только уметь читать чужие лица, но и управлять своим. Вы никогда не задумывались, как агенты спецслужб могут с лёгкостью обманывать детектор лжи. Они просто могут контролировать свои эмоции не только внешне, но и внутренне.

Понятно, что любая хитрость вызывает возбуждение или нервозность, но это не значит, что нужно начинать ехидно улыбаться или нервно покусывать губу. Лучше сделайте глубокий вдох и расслабьтесь, представьте себе тихий шелест моря и вечерний закат. А для тренировок используйте покер – это великолепная возможность потренироваться быть одинаково неколебимым с выигрышной и проигрышной комбинацией карт.

Уверенность в себе и здесь залог успеха. Окружение всегда охотнее доверяет уверенным в себе людям, не зависимо от того, чем они занимаются. Уверенность вселяет мысль о компетентности. Поэтому, развивайте в себе это качество. Чёткие и спокойные движения, никакой суеты и метаний, ровный голос – не получается, тренируйтесь. Только убедив себя, что ваш поступок или план ерунда, обычное дело для вас (даже, если это совершенно не так), поверив в это, вы сможете заставить поверить в это других.

Чтобы быстрее этого добиться следуйте простым правилам:

➢ Максимум внимания к внешнему виду. Мы уже говорили о факторе превосходства. От того, как вы выглядите, будет зависеть 80% результата.

➢ Излучайте доброжелательность и учтивость. Прямая осанка, естественная улыбка, открытый взгляд, вежливые жесты, открытые позы.

➢ Совершенствуйтесь в своём хобби. Понимая, что есть что-то, что вы точно делаете лучше всех, вам будет проще поверить в себя.

Расставляйте ловушки, пользуясь информацией о слабых местах. Это крайне важно, например, представьте, что вы с коллегой претендуете на одно вакантное место, а на повышение пойдёт только один, что вы можете сделать? Изучить его слабые места, допустим, он отличный специалист в своём деле, но абсолютный профан в графическом дизайне. Предложите руководству представить результаты работы в презентации, выполненной графическим стилем – затмите конкурента.

Никогда не привлекайте к себе лишнего внимания. Хитрец привлечёт к себе внимание, только при условии, что ему это выгодно. Общайтесь обычно, без ужимок и странностей. Понимая, что клиент «клюнул», не начинайте давить сильно, делайте это мягко и ненавязчиво иначе ваш план сорвётся и «рыбка» соскочит с крючка.

Держите запасной выход открытым. Мы уже говорили, что необходимо всегда просчитать все пути к отступлению. История, которая достоверно дойдёт для полного отрицания очевидного, должна быть готова заранее.

Мне часто приходится наблюдать, как неумёхи в профессии хитреца, пытаются провернуть сложные дела — это выглядит смешно и нелепо со стороны. Не уподобляйтесь их примеру, тренируйтесь, всё-таки на «кошках»

Выводы из главы

Понимая, что вы находитесь под впечатлением последнего раздела, сразу внесу несколько уточнений: хитрость учит осторожности, а не вредит окружающим. Вы не должны стать «Доктором Зло», вы должны быть осмотрительнее. Теперь подведём итого главы:

➢ Всегда выполняем данные обещания.

➢ Не врём. Вообще! Никому!

➢ Болезнь - это просто отмазка или повод получить заботу и внимание.

➢ Переписываем рецепты в ежедневник, могут пригодиться.

➢ Оцениваем свой уровень финансовой стабильности. Улучшайте его.

➢ Экономим личный бюджет.

➢ Ищем подработку.

➢ Недоброжелателей побеждаем личным успехом.

➢ Используем хитрость во благо.

➢ Уверенность в себе – залог успеха.

Традиционное домашнее задание: понимая, что глава непростая, задание даю тоже нелёгкое. Возьмите лист бумаги и составьте перечень всех растрат, которые были за последнюю неделю, а теперь отметьте те, от которых можно отказаться. И посчитайте, сколько получается сэкономить. Намёк понятен, надеюсь?

Второе задание. Напишите список всех отмазок. Как и от чего вы отказались в последние время? Какие из них вошли в привычку? Придумайте способ как получить тоже самое, изменив свое поведение. Как, например, сделать так, чтобы не быть наказанным за опоздание? Может просто не опаздывать? ☐

ГЛАВА 5. СЧАСТЬЕ

«Я этого хочу. Значит, это будет!»

Генри Форд

Для чего мы живём? Для того, чтобы быть счастливым – так ответит практически любой человек. Потому, что нет ничего важнее этого состояния души. Сколько нас, столько и пониманий счастья. Их невозможно перечислить все, но можно выделить основные:

➢ Дружная, крепкая семья.

➢ Гармония между душой и телом.

➢ Самореализация по всем направлениям.

➢ Любовь во всех её проявлениях.

➢ Финансовая стабильность и благополучие.

➢ Успех на любом поприще.

В предыдущих главах мы уже многому научились и многое поняли. Осталось совсем немного, буквально сделать последний шаг на пути к нашему счастью. Дойдя до этого этапа, каждый из нас уже сделал выводы, что невозможно быть абсолютно счастливым без совокупности всех перечисленных выше факторов. А из них, мы не разобрались только с успехом, а ведь он является ключевым. Мы всегда к нему стремимся, поднимаем за него бокал за праздничным столом, пытаемся его достичь на любой стезе. Потому, что невозможно без него быть окончательно счастливым.

Хотя то, что мы уже прошли столько трудностей и добрались до этого этапа – уже успех и это уже наполняет сердце счастьем, а душу - гордостью. Но у настоящего счастья есть два пути достижения: внешний и внутренний.

Внешний позволяет нам достигать высот внешнего мира: строить карьеру, обретать финансовое благополучие, создавать семью. Внутренний же даёт возможность расти над собой, постоянно развиваясь и самоутверждаясь. Именно он не даёт возможности остановиться на полпути и свернуть с намеченной дороги.

Так вот, успеха достигает тот, кто сумеет объединить оба пути, сделав их одной широкой дорогой, по которой можно идти самому и вести за собой близких и дорогих сердцу людей.

В переводе с древнегреческого языка "счастье" – это судьба человека, которого охраняют боги. Люди верили: если человека оберегают боги, то он обязательно будет счастливым.

Психологический словарь трактует понятие «счастье», как состояние человека, во время которого он чувствует полное удовлетворение жизнью. А насколько мы можем быть удовлетворены, не достигнув успеха в наших начинаниях?

Мне очень нравится как о счастье говорил Леонардо да Винчи: «Счастье достается тому, кто много трудится» - я с этим абсолютно согласен. Счастье нужно заслужить, для этого просто хотеть мало. Это тяжёлый труд, который не подвластен каждому, а иначе счастье потеряло бы свою ценность. Ведь всё познаётся в сравнении, и только вкусив горечь несчастья, начинаешь ценить данное тебе свыше.

Также мне нравится, как о счастье сказал Эдуард Асадов, помните:

«Что же такое счастье?
Одни говорят: "Это страсти:
Карты, вино, увлечения -
Все острые ощущения".

Другие верят, что счастье -

В окладе большом и власти,
В глазах секретарш плененных
И трепете подчиненных.

Третьи считают, что счастье -
Это большое участье:
Забота, тепло, внимание
И общность переживания.

По мненью четвертых, это -
С милой сидеть до рассвета,
Однажды в любви признаться
И больше не расставаться.

Еще есть такое мнение,
Что счастье - это горение:
Поиск, мечта, работа
И дерзкие крылья взлета!

А счастье, по-моему, просто
Бывает разного роста:
От кочки и до Казбека,
В зависимости от человека»

5.1. Что значит быть успешным?

Чтобы ответить на этот вопрос, необходимо разобрать сразу несколько аспектов успешности. Будем говорить обо всём по порядку, но начнём с финансовой успешности.

В средствах массовой информации да и просто на улице, мы постоянно встречаем людей, которых считаем успешными. Определяем мы это по-старинке: дорогая машина, шикарная одежда, роскошный дом, постоянные поездки по лучшим курортам мира, работа на высокооплачиваемых должностях и т.п. Успешны ли самом деле эти люди? Возможно, все эти принадлежности успеха, лишь ширма, за которой скрывается масса долгов и постоянные проблемы. Возможно, это всё досталось ему от родителей, можно ли тогда назвать его успешным? А если это проведение судьбы – обычный выигрыш в лотерею, а на работу его вообще устроили через «мохнатую руку» - это тоже успех?

Проведя массу опросов и исследований, социологи собрали основные определения успешного человека:

- ➢ Успешный человек – это тот, кто ставя перед собой цели – достигает их;

- ➢ Успешный человек – это уверенный в себе, своих навыках, знаниях, поступках и действиях человек;

- ➢ Быть успешным - это работать на высокооплачиваемой, престижной работе;

- ➢ Быть успешным – это, не останавливаясь на достигнутом, продолжать самосовершенствоваться и развиваться;

- ➢ Успешный человек всегда востребован, пользуется уважением и признанием в обществе;

- ➢ Успешный человек – лидер по натуре, за ним готовы идти массы;

- ➢ Успешный человек, всегда способен достигать цели, превратив ее из мечты.

Причём, часть участников добавляла к успешности ещё и крепкие семейные узы, другая же, останавливалась исключительно на сочетании финансового и духовного аспектов. Хотя большинство, всё-таки, останавливалось только на финансовой составляющей вопроса.

Как бы там ни было, но только в обществе, где правит капитал, возможность самореализации и достижения поставленных целей, напрямую зависит от личных накоплений. А они, в свою очередь, напрямую связаны с психологическими качествами человека, потому что благодаря им, человек и обладает способностями зарабатывания и накапливания материальных благ.

Так что, правильное управление личными финансовыми потоками, как ни крути, является важной составляющей успешности.

Так какими же качествами должен обладать успешный человек:

➢ Трудолюбие. Успех никогда не приходит по взмаху волшебной палочки, чтобы его добиться, нужно «пахать, как ломовая лошадь», причём качественно.

➢ Терпение. Как говорится: «быстро, только кошки родятся», а дорога к успеху – это продолжительный, непростой и поэтапный процесс, поэтому терпением необходимо запастись «железным».

➢ Целеустремлённость. Ключевое качество, но на этом я не буду долго останавливаться, потому как посвятил этой теме целый раздел.

➢ Упорство. И не верьте, что это достоинство только ослов. Без этого качества не преодолеть всю ту гору трудностей, которые встанут на вашем пути.

➢ Решительность. Трус никогда не станет успешным, не все рождаются бесстрашными героями, но это качество можно и нужно в себе развивать.

Можно, конечно, ещё дополнять косвенными качествами, но все они, в любом случае, будут вытекать из основных, мы поговорим о них подробнее позже.

Если же речь заходит о карьере, как одном из признаков успешности, то тут есть о чём поспорить. Самые успешные люди мира никогда не были карьеристами. Они были инвесторами. Да, карьера открывает определённые возможности, даёт преимущества в самореализации, но основные денежные возможности открывает инвестирование, т.е. пассивные источники дохода. Такой вывод можно сделать, изучая истории успеха всемирно известных людей. Карьера – это тоже отлично, но только в том случае, если она приносит удовольствие, а не гробит здоровье. Человек, занимающий пост генерального директора, с окладом в 100 тысяч долларов в месяц и с убитой напрочь нервной системой, вряд ли будет ощущать себя счастливым.

Поэтому, я для себя выделяю наиболее важные характеристики успешного человека:

➢ Успешный человек постоянно находится в движении по выбранному вектору, не останавливаясь на достигнутом;

➤ Успешный человек постоянно развивается в разных направлениях, а не предпочитает углубляться только в одно;

➤ Успех сегодня – это абсолютное значение, на которое ты превзошёл себя вчерашнего.

Поэтому, для того, чтобы быть успешным, не обязательно обзаводиться показной роскошью – это прерогатива меценатов, а для нас главное - стремление вперёд и только вперёд.

Ещё один немаловажный критерий успеха – это удовлетворение. Можно сидеть в пустыни на сундуках с золотом, но это вряд ли принесёт удовлетворение, а можно просто лежать на диване и быть от этого абсолютно счастливым и удовлетворённым. Поэтому, от всего, что мы делаем, нужно получать удовлетворение.

5.1.1. Качества успешного человека.

Итак, как и обещал, поговорим о качествах успешного человека более подробно. Их, на самом деле, немало, но каждое из них важно и без него никуда. Не беда, если какими-то вас не наградила природа от рождения. Их можно развить в себе, приложив усилия и качественно поработав.

Приступим:

➤ Уравновешенность. Да и рассудительность сюда тоже можно смело добавить. Я не однократно упоминал о необходимости держать себя в руках и контролировать свои эмоции, не тратьте энергию впустую, лучше направьте её в правильное русло.

➤ Объективность. Качество, которое позволяет давать себе честную оценку, как достоинств, так и недостатков. Относиться к победам и поражениям необходимо правильно, делая выводы как из одного, так и из другого. Любой результат должен быть тщательно проанализирован, возможно, рано вешать себе медаль победителя, и вашей заслуги в успехе нет – просто удачное стечение обстоятельств. Но и за проигрыш себя казнить тоже не стоит – негативный результат – тоже результат. Из него можно сделать столько грамотных выводов, что хватит на всю оставшуюся жизнь.

Успешный человек никогда не станет занижать себе планку, но и прыгать выше головы, тоже не будет.

➢ Самодисциплина. Все действия должны поддаваться контролю. Ради поставленной цели, можно отказать себе не только в удовольствии, но и в сне, пище и отдыхе. Всё нужно делать вовремя, не когда захочется, а когда это нужно.

➢ Способности организатора. Планирование, просчёт времени, распределение и делегирование полномочий. Организация процесса с максимальным коэффициентом полезного действия.

➢ Способность держать слово. Этому важному критерию, я тоже посвятил целый раздел, поэтому не буду останавливаться.

➢ Авторитет. Человек с авторитетом всегда будет пользоваться уважением, к его мнению будут прислушиваться, советы ценить, а распоряжения выполнять без грамма сомнений. Каждый понимает, что такой человек имеет огромный багаж знаний и готов делиться бесценным опытом.

➢ Трудоспособность. Я бы даже сказал, высочайшая её форма - способность работать в любом графике, если это необходимо для достижения цели, прикладывая эффективные усилия и заражая свои примером остальных.

➢ Упорство. Непоколебимые действия, позволяющие наперекор всем трудностям, сомнениям, страхам, двигаться проложенным курсом.

➢ Честность и моральная стойкость. Успешный человек, никогда не должен допускать даже мысли о нечестном пути достижения цели. Лучше проиграть войну, чем выиграть её путём обмана. Здесь не стоит путать с хитростью – это разные вещи.

➢ Гибкость и дипломатичность. Это способность гибко реагировать на изменение ситуации и обходить сложные участки дороги с наименьшими потерями.

➢ Внутренняя гармония. Злые и озлобленные на весь мир люди никогда не станут успешными, не умея жить в гармонии с собой, никогда не достигнуть гармонии с окружающим миром.

➢ Щедрость. Скажу просто — не будьте жлобами, достигнув успеха, поделитесь опытом и средствами с тем, кто в этом очень нуждается.

➢ Целеустремленность. Тут всё понятно, много говорили, не будем останавливаться.

➢ Скорость принятия решений. В данном случае, имеется ввиду не быстрое или медленное принятие решений, а оптимальное. Т.е. рациональность в принятии решений.

➢ Уверенность в себе. И этому мы уже посвятили целый раздел, хочу только напомнить, что самоуверенность и самонадеянность — это разные вещи, подумайте над этим.

➢ Аналитические способности. Без способности анализировать — никуда. Можно замечательно писать стихи, но, не оценив риски по оценке их социумом, невозможно принять решение о публикации.

➢ Готовность быть поверженным. Любой успешный человек всегда готов к фиаско, у него есть план, на этот случай и просто застать его врасплох невозможно. Делая ставки и оценивая риски, он никогда не поставит всё на зеро, даже под воздействием синейшего импульса.

➢ Лидерские качества. Способность повести за собой личным примером, увлечь в свои идеи, создать сплочённый коллектив единомышленников — это один из главных критериев успеха.

➢ Достоинство. Уважение к себе и окружающим, способность никогда не переступать черту дозволенного — это отличает успешного человека от серой массы.

➢ Дальновидность. Способность оценить долгосрочную перспективу, возможно даже в ущерб быстрой выгоде.

➢ Поиск возможностей. Видеть их везде и во всём. Действовать без промедления, исключая отмазки и отговорки, не занимать выжидательную позицию.

- ➤ Позитивный настрой. Всё, что не делается – делается к лучшему. Мы это уже усвоили, поэтому нас не заразить негативом.

- ➤ Ответственность. За себя, за других, за обстоятельства. Успешный человек не боится принимать решения и нести за них ответственность.

- ➤ Совершенствование. Вся жизнь – это развитие, получение новых знаний и навыков, расширение кругозора.

- ➤ Обучаемость. Смиренно учиться всю жизнь, как завещал товарищ Ленин.

- ➤ Стрессоустойчивость. Самообладание в любой форс-мажорной ситуации. Никакое несчастье не сможет «убить» успешного человека, оно лишь сделает его сильнее.

- ➤ Качественный анализ ошибок. Никакого самобичевания, только накопление опыта и мудрости из сделанных ошибок.

- ➤ Стремление приносить пользу людям. Нельзя думать только о себе, так успеха не добиться. Способность облегчать жизнь других – это достойное качество успешной личности.

- ➤ Энтузиазм. Проблемы и неудачи будут всегда, а способность «не опускать руки» в сложной ситуации – это качество сильных и успешных.

- ➤ Любовь. Только по-настоящему успешные люди могут с гордостью отмечать, что занимаются любимым делом, которое приносит удовлетворение и радость.

- ➤ Способность верить в свои мечты. В жизни нет ничего невозможного – это правила трёх «Н». Только успешные люди верят в то, что другим может казаться глупостью. А веря, превращать мечты в реальность.

Я думаю этого вполне достаточно, чтобы полностью охарактеризовать успешного человека. В конце главы мы ещё на немного вернёмся к вопросу успеха, но уже исключительно с другой целью.

А дальше мне бы хотелось подробнее затронуть некоторые важные составляющие успеха, которые ответят на наиболее популярные вопросы «зачем» и «почему».

5.2. Никогда не останавливаться на достигнутом.

Ответ на этот вопрос настолько очевиден, что я изначально не собирался даже поднимать эту тему. Но, потом передумал. Сейчас, сделав небольшое лирическое отступление, объясню почему.

Выпустив первую книгу, которая рассказывала о покорении стихий, я создал её в виде некой краткой инструкции, которая рассказывала о том, что необходимо сделать, чтобы изменить свою жизнь, но не объясняла «почему». Мне казалось, что достаточно просто дать алгоритм действий и этого будет достаточно.

Да, для одних этого действительно было достаточно, они, не задавая лишних вопросов, просто выполняли инструкции и достигали поставленной цели. А вот для других этого оказалось слишком мало. И я начал получать письма, в которых люди просили объяснить причины таких действий. Зачем это необходимо делать, а что я при этом выиграю, а можно ли не выполнять то или иное действие.

Я понял в чём проблема, провёл работу над собственными ошибками и приступил к написаю книги, цель которой осталась неизменной, а вот подход к изложению кардинально поменялся.

Теперь – это уже не книга-брошюра, которая только диктует правила – это развёрнутое пособие, которое не просто рассказывает, что нужно сделать, а и объясняет, для чего это нужно.

Но и в моём промахе тоже есть положительный момент. Благодаря той брошюре, сейчас я могу уже привести примеры результатов реальных людей, которые воспользовались моими советами, не задаваясь вопросом «а для чего это нужно».

Так вот, один из вопросов читателей и был посвящён теме: «остановки на достигнутом результате».

Я хочу привести здесь это письмо:

«Здравствуйте, меня зовут Дмитрий, мне 47 лет, я живу в Астрахани. За книгу вам конечно спасибо, много новых штук узнал, да и вообще.

Я сам попробовал изменить свою жизнь и, кое-что даже получилось. Поставил себе цель: построить гараж, я это дело, откладываю уже не первый год. Что хочу сказать. Гараж то я построил, получилось всё вроде как и хотел. Но не понятно: «не останавливаться на достигнутом» - это что значит? Мне нужно еще что-то построить или как это понимать?»

Вот благодаря именно этому письму я понял, где совершил ошибку. Меня просто осенило, что я придурок, который «дал ребёнку спички», не объяснив как с ними управляться. Дмитрий, вам особая моя благодарность.

Теперь, всё-таки по теме раздела.

Поставив перед собой цель, мы принимаем ряд не человеческих усилий, чтобы её достичь, а достигнув, сначала ощущаем эйфорию и головокружение от своего успеха, а потом опустошенность. Чувство, схоже с тем, которое нас наполняет, когда наши дети, создав собственную семью, покидают родительский дом. С одной стороны - мы за них безмерно рады, а с другой — дом стал пустым и на сердце как-то тоскливо.

Желая постоянно находиться под властью стихии счастья, нужно запустить цепную реакцию событий. Чтобы достигая одну цель, уже необходимо было начинать работу над другой. И это могут быть совершенно разные направления. Например, достроив гараж, можно выучить английский язык. Главное двигаться и двигаться только вперёд. Движение — это жизнь, не позволяйте себе её заморозить и законсервировать в рамках одного желания. Пройдёт время и сознание насытиться одной победой, а возможно и перенасытится. И тогда начнётся депрессия, опять появятся проблемы со здоровьем, и всё нужно будет начинать сначала.

Зачем, ведь мы пытались изменить свою жизнь не на время, а навсегда. Преодолев столько сложностей, приобретя столько навыков, неужели теперь мы забросим всё это, чтобы тоскливыми вечерами сидеть и грустить о том, как всё было прекрасно.

Я хочу рассказать ещё одну историю моего читателя, который не постеснялся ею поделиться, наверняка желая, чтобы кому-то она стала уроком. Мне написал тридцати двух летний Виктор из Волгограда.

«Никогда не имея особого достатка и живя от зарплаты до зарплаты, в постоянных долгах всем, кому только можно, я всегда мечтал о финансовом благополучии. Мечтал, что куплю себе классную машину, отдельную квартиру, открою собственный бизнес. Мечтал и продолжал накапливать долги. Пока однажды вы мне не подсказали, что это путь в никуда и нужно что-то менять. Причём быстро и кардинально.

Провёл ревизию старых вещей, продал весь хлам и рассчитался с долгами. Поздравил себя с первой победой и начал искать дополнительную работу. Бросил пить, хоть это и было в меру. Устроился на выходные на фирму, которая занималась мелкими ремонтами, ну типа «муж на час» и всё свободное время усиленно пахал. Так у меня появилась наработанная клиентура. Моя основная работа — это рядовой менеджер по продаже инструмента, меня порядком достала и я решил, что стоит поискать что-то другое. Пока искал, продолжал ремонтировать чужие квартиры и чайники.

Со временем, мне стали звонить клиенты напрямую, и мне уже не было необходимости делиться с фирмой. А потом, клиентов стало настолько много, что уже просто физически не успевал ко всем. Поэтому я подключил несколько ребят, которым давал заказы, а они мне часть заработанных денег. Через полгода, по такой схеме, на меня уже работало четырнадцать человек. А через год я уже не работал сам, открыл свою небольшую фирму и выполнял не только мелкие ремонты, но и крупные строительные и отделочные работы.

Через два года работы моя компания уже могла похвастаться солидной клиентурой и достойным доходом. Я купил себе хорошую машину и, пусть пока однокомнатную, но зато свою квартиру. Дела пошли в гору. Прошло ещё полгода и я, продав свою однокомнатную, купил трёхкомнатную квартиру, впервые позволил себе отдохнуть в Египте, причём на полную катушку. И вот так, лёжа на пляже, поймал себя на мысли, что моя мечта осуществилась. Всего за пару лет.

Теперь я уже сам не управлял делами, нанял толкового директора и просто наслаждался жизнью. Я, в принципе, себе не отказывал ни в чём. Да, не играл в казино и не покупал яхты, но мог позволить многое. Причём, если вначале я ещё интересовался развитием дел в компании, то со временем, мне перестало быть это интересно, я просто получал прибыль и жил, жил так, как всегда хотел. Тем более, что я это заслужил тяжёлым трудом, когда пахал по восемнадцать часов в сутки без выходных.

Но, счастье длилось недолго. Однажды меня ночью разбудил звонок директора и уже по тембру голоса я понял, что что-то случилось. А случился кризис 2014 года – это если масштабно, а если углубиться, то моя компания закупила хренову кучу материала, который теперь может съесть на обед, часть уже израсходовала на объект, от которого заказчик отказался. И дальше длинная и неинтересная история, почему мы не взяли с него предоплату и т.д. и т.п. в общем, денег нет, даже на зарплату сотрудникам.

Вот так, в одну ночь я стал банкротом. Нет, мы конечно ещё потом долго разбирались, пытались сбить наши деньги, но в итоге, продали остаток материала, чтобы расплатиться с сотрудниками, а потом и всё оборудование, потому что заказов стало настолько мало, что продолжать заниматься дальше строительством, в привычных нам масштабах, уже не было возможности. Я оставил небольшую бригаду, для мелких заказов, чтобы на хлеб хватало, и остался у разбитого корыта.

Теперь в моём активе ряд замороженных объектов, собственники которых «кормят меня завтраками», ежедневно обещая вернуть долги. И понимание того, что остановившись, я разрушил всё, к чему пришёл. Хотя мог, пусть даже стоя не у руля, но около него, приумножать свой капитал.

Печально, досадно, но это уже случилось. И что теперь? Теперь осталось утереть сопли, взять себя в руки и начать всё с начала. Теперь я опять отказываю себе практически во всём и работаю по восемнадцать часов в сутки».

Письмо Виктора было настолько эмоциональным, что я позволил себе его немного отредактировать, за что приношу свои извинения.

Так, что я хочу сказать, действительно печально, но главное, что есть сила воли, чтобы начать всё с начала, хотя автор прав, этого можно было не допустить.

Поэтому однажды остановившись, вы рискуете либо потерять достигнутое таким тяжёлым трудом, либо ощутить пустоту и разочарование.

5.3. Позволяем себя побаловать.

Этот раздел я хотел бы, в большей степени, посвятить женщинам, хотя и мужчины, узнают из него немало полезного, и, надеюсь, сделают правильные выводы.

Я уже не раз повторял, что за каждую маленькую победу нужно себя поощрять. Помните, как в детстве: сделал уроки – пошёл гулять. В этом же разделе, хочется поговорить о глобальном поощрении, на значительные успехи устраивать маленький праздник для организма.

Почему вообще необходимо себя баловать? Потому, что наш организм, преодолевая трудности и борясь с препятствиями, заслуживает и что-то приятное в качестве приза. Небольшие поблажки во время тяжёлого пути – это обязательная часть программы. А иначе, как же почувствовать себя счастливым, если себя не побаловать. К тому же, сам себя не похвалишь, никто не похвалит – это факт.

Тем более, желая, чтобы нас баловала жизнь, мы, иногда, просто забываем показать ей пример. Так что истина проста: насколько вы сами себя балуете, настолько и будут баловать вас другие.

Мы ещё с детства помним, что потакание прихотям – это плохо, потому что родители были твёрдо уверены, что избаловав ребёнка, они посадят его себе на шею. А он должен делать всё самостоятельно, чтобы в жизни было легче. Поэтому, наверное, боясь нас избаловать, родители лишний раз наваливали на нас кучу домашней работы, и таким образом учили становиться ответственными и практичными.

Но ведь баловать – это не только выполнять прихоти, а ещё и относиться с лаской, заботой, вниманием, доставлять радость и удовольствие, и просто делать приятно.

Доказанная учёными истина, что жёсткая дисциплина и давление родителей может в будущем вылиться нервными расстройствами и возникновением чувства необоснованного страха. А у детей, чьё воспитание было более щадящим, не обнаружено никаких тенденций к появлению фобий.

Тем более, что правильное умение себя баловать может качественно изменить вашу жизнь. Как? Сейчас расскажу:

➢ Повышается чувствительность и чувственность, вы станете лучше слышать и понимать свои ощущения, работать с интуицией.

➢ Увеличится жизненная энергия.

➢ Повысится внутренняя самооценка.

➢ Станет проще и приятнее принимать подарки от жизни.

➢ Улучшится настроение и удовлетворение жизнью.

➢ Добавятся новые силы.

➢ Добавится чувство любви к себе.

➢ Всё желаемое будет проще принимать в свою жизнь.

Не забывайте, что желать и разрешать – это совершенно разные вещи.

А как мы вообще себя балуем? Что первое приходит на ум? Женщины, конечно, представят себе многочасовой поход в салон красоты, со всеми возможными и невозможными процедурами. Мужчины с удовольствием посидят с друзьями, съездят на рыбалку, шашлыки и т.п. И те, и другие захотят накупить себе кучу новых вещей, возможно и не совсем нужных, а из категории «очень хочется» - можно и так.

А можно пойти другим путём, совершить что-то из ряда вон выходящее, чтобы встряхнуть эмоции, например, купить букет роз и разбросав его по квартире, наслаждаться ароматом.

А кто-то может просто сведёт всё к приглашению в дом клининговой компании, чтобы хоть раз ничего не делать по дому.

Но многим всё-таки хочется чего-то экстраординарного, выходящего за рамки дозволенного, но наполняющего нашу жизнь красками.

Выбирайте то, что вам по душе, главное, чтобы душа отдыхала. Купите себе дорогущее средство для ухода за телом, или натуральную косметику, или набор инструментов – главное, чтобы от такой покупки был взрыв положительных эмоций.

Или позвольте себе вообще ничего не делать, валяться в кровати, пить горячий шоколад, слушать любимую музыку. Не находите себе занятие, возьмите паузу, даже еду закажите на дом. Ну, один то день, можно себе позволить прожить так, как хочется.

У вас всегда не хватало времени на театр, музей, баню, парк, клуб – сегодня это дозволено – вы не просто отдыхаете, сегодня вы себя балуете.

Мы ведь говорили о положительных эмоциях, так вот, сегодня ими нужно напитаться по полной программе, чтобы на ближайшие четыре месяца хватило. Внесите в жизнь удовлетворённость, вы ведь достойны только лучшего, значит у вас обязательно должна быть, пусть маленькая, но очень значимая вещь, которая будет постоянно напоминать об этом. Которая подчеркнёт ваше заботливое отношение к себе.

Прислушайтесь к своим ощущением, баловство должно идти не из разума, а из сердца. Это тот исключительный случай, когда разум может отдохнуть, когда сознание берёт выходной, а работают только эмоции, которые мы постоянно держали в «чёрном теле» - сегодня их праздник.

Только не стоит жарить ведро картошки и сводить на нет все предыдущие усилия. Можете съесть небольшой кусочек торта или шоколада, просто, чтобы посмаковать. Но помните о здоровье, ему выходной никто не давал.

Если для вас проблема просто побыть в одиночестве, то снимите на сутки квартиру с джакузи, насладитесь тишиной. Отключите телефон и не позволяйте сегодня обыденности испортить вам этот день. Думайте, воображайте – это ваш день, ваши желания, я лишь пытаюсь предложить варианты.

Если до сих пор вы ходите по дому в спортивном костюме и старых тапках, то возможно стоит подумать в этом направлении и создать себе королевские ощущения. Возможно, одежда для сна, нужна именно такая, как вы мечтали, чтобы и красиво и удобно, хотя это конечно, в основном, касается женщин.

А может быть пригласить на дом косметолога или массажиста? Чтобы после приятных процедур можно было продолжать расслабляться, а не ехать на другой конец города. Зажгите ароматные свечи, капните эфирное масло в ванну. Позвольте испытывать удовольствие и телу, и душе.

Вы долго запрещали себе покупку каких-то особенных духов – сегодня это дозволено, сегодня мы не довольствуемся тем, что есть. Сегодня разрешаем то, что запрещали.

Вспомните, чего больше всего хотелось в детстве, но не разрешали родители, ну, кроме, намочить манту и лизнуть зимой качели, воплотите это в жизнь. Погоняйте на самокате или велосипеде, или просто позвольте себе парк детских развлечений с миллионом аттракционов.

В завтрашнем дне всё снова будет практично, а сегодня нам практичность не нужна – сегодня мы себя балуем. Вселенная тонко чувствует наши желания, она должна понимать, что именно приносит вам радость, чтобы в будущем посылать именно такие моменты.

Психологи такое состояние называют состоянием внутренней конгруэнтности. Только для его достижения необходимо добиться гармонии между внутренними желаниями и жизненными ценностями.

Тут суть не в трате денег, а в выражении любви к себе. Возможно, поездка в ближайший лес принесёт гораздо больше удовольствия, чем дорогостоящий курорт. А мягкая игрушка будет приятнее дорогих часов. И нет ничего зазорного, если взрослый мужчина покупает себе вертолёт на радиоуправлении только потому, что эта игрушка доставляет ему радость и делает счастливее.

Относитесь к себе, как к своему лучшему другу, чтобы достичь полного согласия. Жизненная энергия начнёт бить ключом, к ней начнут тянуться люди и от неё «завянут доброжелатели». А ведь именно этого мы и добивались.

Не существует таких заклинаний, которые бы определили ваши глубинные ценности и помогли наладить связи с окружающим миром. Научившись слышать себя, вы научитесь слышать других. Достигните согласия с собой и в жизни начнут происходить удивительные вещи, а для этого необходимо позволить себе такой день.

А зачем все это нужно? Почему это так важно? Все просто! Потому, что это правильная привычка – баловать себя и награждать только за достижение цели. Просто так баловать себя нельзя. Это как с дрессировкой животных. Сделал трюк - получи награду. Вы будете смеяться, но для вашего собственного организма и мозга это работает точно также. Проверьте! Через год такой самомотивации, вы научитесь достигать любые цели, вы сэкономите кучу времени на пустое празднование каких-то непонятных праздников или, что еще хуже, празднование окончания трудовой недели. А успех не заставит себя ждать.

5.4. Что дальше?

Резонный вопрос. Наступило время поговорить о мотивации простым понятным языком без углубления в теории Маслоу, Альдерфера, МакКлелланда, Герцберга и прочих мировых умов. Я попытаюсь объяснить основное, что стоит вынести из их учений, а если вам будет интересно окунутся в эту тему поглубже, то вы всегда можете заняться саморазвитием в этой области. Заодно и напишите, что я пропустил.

Нам всегда не просто заставить себя сделать что-то нужное и важное, несмотря на то, что мы осознаём необходимость этого действия. Например, пришла весна и нужно себя заставить помыть окна в квартире, а ещё позвонить подруге, а ещё похудеть. Нужно, но так не хочется. Мы все знаем, что для любого действия, необходим толчок (я называю это «волшебный пинок»), который поможет возникнуть желанию что-то сделать. Так вот, в первом случае он может выглядеть так: чистые окна продемонстрируют всем, какая я классная хозяйка, а ещё на них будет приятно смотреть, а ещё будет приятно наблюдать за происходящим на улице.

В общем, чтобы потом стало намного лучше, нужно с начала себя мотивировать. Так вот как найти мотивацию в обычной жизни, если доводы уже не действуют и попробуем разобраться.

Мотивировать – значит заставить? И согласен, и нет. Как и все психологические термины, происходящие от латинских слов, мотивация не стала исключением. Мотив, в переводе означает – двигаю. Т.е., если сказать простым языком, мотивация – это воображаемое окончание наших усилий. В общем, если я помою окна, то буду классной хозяйкой.

Таким образом, процесс, в результате которого мое психологическое и физическое состояние активизировалось, было

138

вызвано мотивацией – почувствовать себя классной хозяйкой. В общем, мысли о положительных эмоциях, которые непременно возникнут после окончания мытья окон, и подталкивают к осуществлению задуманного.

Я бы даже сказал, что в данном случае была создана искусственная самомотивация, т.е., мне нужен результат, и я себя к нему подталкиваю. А вот если бы мне просто хотелось есть, то мотивацией к приготовлению еды, стало бы банальное чувство голода.

А ведь мы даже не задумываемся, что нас постоянно мотивируют из вне, вообще искусственно, например:

➢ Извечные выступления политиков, которые обещают исправить ошибки прошлого и обязательно улучшить нашу жизнь.

➢ Реклама по телевизору каждые 15 минут, которая мотивирует на покупку чего-то очень «классного и просто жизненно необходимого.»

➢ Просто окружающие нас люди, своими результатами мотивируют нас здоровое восприятие реальности.

5.4.1. Виды мотивации.

Ещё нужно разбираться, что сложнее: мотивировать себя или кого другого. Найти мотивацию, чтобы выполнять то, чего совсем не хочется, ещё и для чужого человека, может только настоящий руководитель.

Обычно мотивация делится по нескольким категориям:

Материальная.

Это самый простой способ мотивации, потому что для большинства, финансы - главная цель в жизни. Поэтому всё просто: чем больше работаешь, тем лучше живёшь. Чем больше продаёшь, тем больше зарабатываешь. Сдаёшь сессию хорошо, целый семестр получаешь стипендию. Примеров масса, итог один – деньги.

Нематериальная.

Не для всех, всё-таки, деньги - смысл жизни, поэтому тех, кого деньгами не возьмешь, нужно мотивировать по-другому. И таких видов мотивации масса, например, нужно хорошо учиться, чтобы поступить в университет и стать таким, как папа. Или заниматься спортом, чтобы быть очень сильным. Ну, это так для детворы.

Для взрослых можно придумать и посерьезнее, например, похудеть нужно, чтобы не выглядеть, как корова и влезть в любимое платье. Карьерный рост нужен для достижения уважения окружающих. Или вот так, выучить английский язык, чтобы поехать в Нью-Йорк. Годится? Тогда идём дальше.

Внешняя.

Суметь увидеть что-то такое, что заставит захотеть измениться, да ещё и подтолкнуть других, что-то сделать. Например, друг уже полгода не даёт жизни историями об отдыхе в Турции, нужно слетать в Испанию и доказать ему, что Турция – ничто. Или круче: подруга сделала пластику и теперь выглядит на 10 лет моложе, нужно пройти курс озонотерапии, чтобы выглядеть лучше неё.

Внутренняя.

Сильнейший вид мотивации. Если желание возникло само, то нет преград возможностям. Например, похудеть, помолодеть, смотаться за границу. Тут нас уже ничто не остановит.

Положительная.

Для выполнения чего-то там, мотивацией может стать позитивное эмоциональное состояние от самого процесса, а может и его конечного результат. Например, спеть в караоке в компании незнакомых людей и, если все получилось отлично, почувствовать такой прилив сил, адреналин, что хватит еще на пару десятков подвигов!

Отрицательная.

Тут даже объяснить сложно. Обычно те, что не верят ни в себя, ни в лучшее, даже если и мечтают о чём-то, то без успешного завершения. В таком случае можно сыграть на контрасте и дать «волшебный пинок» в другом направлении, например, не сдам экзамен, потому что мне не везёт. А после пинка можно так: не сдам экзамен по черчению, потому что мне не везёт, лучше заработаю денег и заплачу за него.

Устойчивая.

Обязательно базируется на постоянстве, например, чтобы не поправляться никогда, всегда ограничиваю себя в еде и занимаюсь фитнесом. Или так, настолько люблю своего ребёнка, что просыпаюсь очень рано, чтобы приготовить ему завтрак.

Неустойчивая.

Для этой мотивации постоянно должна присутствовать внешняя поддержка, я бы даже сказал, внешний раздражитель. Например, чтобы не растолстеть, нужно заниматься спортом, а буду таким же, как сосед со второго этажа. Или для мотивации ребёнка учить уроки, необходимо постоянно приводить примеры того, насколько он лучше других.

Но в повседневной жизни, обычно используются сразу несколько мотиваций и только тогда, когда они синергетического эффекта, они позволяют достичь поставленной цели. Чем больше мотивирован человек, тем он более успешен, потому что коэффициент целеустремлённости у него выше. Самые сильные ставят новые цели и перед собой, и перед своей командой, а добившись решения опять рвутся вперёд. Их мотивация очень сильна и неисчерпаема.

5.4.2. Функции системы мотивации.

Важнейшим фактором чего вы сможете добиться, всегда выступает личное желание. Оно работает в системе. Благодаря энергии, энергетический импульс толкает нас на выполнение поставленной цели, а дальше это движение преобразовывает энергию, чтобы добиться результата. Надеюсь, понятно объяснил.

Наш мозг устроен так, что даже при отсутствии желания всё равно можно поставить цель, потом мотивировать себя и добиться ее. И чем длиннее путь к цели, тем больше необходимо мотивации и для себя, и для других. Нужен целый механизм, система, которая поэтапно выстраиваясь, позволяет ступень за ступенью продвигаться к результату.

Некоторые функции мотивации могут быть политикой кнута и пряника, причём одновременно. Здесь нужна как внутренняя, так и внешняя мотивации. Эту систему очень легко понять, просто нужна чёткая схема, которой и необходимо придерживаться. Например, малыш, который не хочет учить уроки, все-таки поймет, что лучше их выучить и получить хорошую оценку, чем постоянно быть наказанным. Или мы с вами, увидев первые результаты похудения, обязательно захотим их приумножить. А получив прибавку к жалованью, появится стимул работать лучше.

Вот и получается, что получив поощрение за выполненное действие, можно рассчитывать на его достойное продолжение. Но это может быть замкнутым кругом. Так человек, привыкнув получать надбавку, однажды не получив её, просто перестанет работать, а как известно, такие поощрения не могут быть вечными. Значит, стоит совмещать материальную и нематериальную мотивации. Стоит поощрять себя за успехи. Как я уже говорил выше, эта очень важная привычка.

5.4.3. Методы системы мотивации.

Чтобы система мотивации успешно функционировала, её необходимо постоянно контролировать. Если в коллективе или семье атмосфера положительная, то просто необходима подпитка в виде поощрения, в таком случае – это удачный способ мотивации.

А вот если единственным способом заставить что-либо делать, является наказание или страх перед ним, то такой способ мотивации долго не проживёт. Страх со временем притупится и человек, потеряв стимул, вообще перестанет что-либо делать. И если с ходу не запустить новую мотивацию, то время будет бесследно потеряно.

Поэтому лучше искать мирные подходы к решению ситуации, и направлять энергию в нужное русло. В общем, любые методы мотивации должны быть очень чётко продуманы и скоординированы, чтобы направленность на результат, не дала сбоя. Например, так:

> ➢ Обрисовываем весь спектр задач (план работы, объём выученных уроков, количество килограмм, которые необходимо сбросить).

> ➢ Вспоминаем, что собой представляет мотивация, какие у неё виды и ищем тот мотив, который станет решающим для выполнения запланированных мероприятий.

> ➢ Чётко следуем намеченному плану, не отступая ни на шаг и контролируя все его этапы лично.

В общем, мало просто найти мотив и захотеть, нужно ещё упорно трудиться, чтобы и мотивацию оправдать и конечный результат получить. Мало просто рассказывать ребёнку, что хорошая учёба приведёт к высокооплачиваемой работе, необходимо ещё и эмоциональную подпитку давать, в этом и заключается мотивационная система.

Сейчас психологи разрабатывают новую фишку – мотивация для коллективов. Потому что не только зарплата может быть хорошим способ мотивации, а и микроклимат в коллективе. Вот, например, пообещайте бухгалтерии подарить кофе-машину, так они все будут сверхурочно работать, чтоб вам все отчёты вовремя сдать и даже не пискнут.

Для удержания постоянного состава в коллективе, проводят корпоративные мероприятия или вывозят на природу, устраивая там соревнования. При этом отдел персонала следит за постоянным разнообразием этих мероприятий, потому что одна и та же мотивация (даже если речь идёт о высокой зарплате) со временем приедается, перестаёт будоражить кровь, и все начинают воспринимать её, как данность. Вот почему я так много времени посвятил в этой книге тому, как можно себя наградить и побаловать.

Система мотивации нужна нам всегда и везде. Без неё мы, вряд ли предпринимали бы хоть какие-то действия.

5.5. Никогда не жалеть себя.

Начать этот раздел я хочу со знаменитого высказывания Лао-Цзы: «побеждающий других силён, а побеждающий самого себя – могущественен». Насколько он был прав. Просто вдумайтесь в его слова.

Вдумались, сделали выводы, продолжим. Ни для кого не секрет, что жалость – это разрушительная энергия, которая способна просто убить и в прямом и в переносном смысле. Пожалеть человека - значит сделать ему хуже. И не путайте жалость с состраданием – это диаметрально противоположные вещи. Пожалеть себя – значить породить в себе ничтожество. Давайте об этом подробнее.

5.5.1. Насколько опасно себя жалеть?

Я уже рассказывал о людях, которые постоянно ноют. Им кажется, что весь мир против них, люди жестокие, никого не любят, ни понимают, к ним несправедливы и прочая ерунда. Но каждый из нас хотя бы раз оказывался в ситуации, когда приходилось примерять на себя роль жертвы. И что было делать, пожалеть себя?

Жалость к себе возникает при каждой трудной ситуации. Мы начинаем раскисать, причитая о том, как нам трудно, плохо, ничего не получается. Начинаем винить в наших проблемах других, конечно, так же проще – свалить всю вину на других. А вот желания признать собственные ошибки, которые и привели к проблемам, не возникает. Конечно, проще же себя, любимого, пожалеть.

Иной раз жалеем себя вообще с особым пристрастием, естественно, никто так нас не пожалеет. И после такой терапии создаётся впечатление, что проблема ушла, а на самом деле на место одной проблемы приходит сразу несколько, которые необходимо оперативно решать. А нам некогда, нам снова себя пожалеть нужно, да с ещё большим энтузиазмом. При этом уходят силы и энергия, уходит время, которого и так катастрофически не хватает. А ведь можно было всё это богатство направить на решение проблем.

Почему так? Ведь мы же хотим найти выход из ситуации и решить проблемы. Потому что страх сделать что-то не так заставляет нас опять ныть и опять себя жалеть. Но когда же стоит просто взять на себя ответственность за происходящее и изменить ситуацию? Если вы правы, а вас понапрасну обидели, то дайте отпор, проявите уважение к себе, чего канючить. Жалость убьёт в вас остатки самоуважения. А вы начните копить уважение к себе, а не жалость, и тогда появятся и силы, и уверенность.

Подумайте над тем, как вы выглядите в глазах окружающих: жалкий, никчёмный – ужас. Вы ведь даже сочувствия не вызываете. Внутри растёт раб и постоянная жертва обстоятельств, так и до психушки не далеко.

Пожалев себя, вы, как бы, нашли оправдание тому, что вы бы сделали что-то, но не умеете, вы бы занялись этим, но не знаете, как. Послушайте себя.

Я не отрицаю, что бывают в жизни моменты, когда даже полезно себя пожалеть немного, минут десять, не больше. Но не стоит же превращать это в обычное состояние. Вы очень быстро превратитесь в озлобленного, недоверчивого и обидчивого психа с напрочь угробленной нервной системой. Вот, вы сами бы общались с таким типом? Вряд ли, вот и у остальных такого желание тоже не возникает.

Виня в своих неудачах всех и каждого, вы выглядите нелепо и смешно. Вы и только вы виноваты в ваших проблемах, а вместо того, чтобы от них избавиться, вы свои нытьём только притягиваете их с новой силой.

Продолжайте развивать в себе жалость и к психическим заболеваниям прибавятся и физические. Сердечко то, небось, покалывает в моменты жалости, и голова кружится и тошнить начинает. Продолжать?

Причина этому - усиленная выработка нейромедиатора ацетилхолина, повышенная концентрация которого в организме ослабляет тонус сосудов и мышц, приводит к нарушению вегетативной системы организма в целом.

Взгляните на себя со стороны, вы же сами поймёте, что так жить нельзя. Выпрямите спину, расправьте плечи, двигайтесь вперёд, становитесь победителем. И каждая, пусть даже самая маленькая победа, принесёт массу удовольствия, поверьте мне. Да вы, наконец то, увидите красоту мира. И люди перестанут казаться врагами, и уверенность в себе появится, да просто жить захочется. Посмотрите, сколько возможностей вы упустили?

5.5.2. Как привычка себя жалеть влияет на наш успех.

Как я уже говорил, мы жалеем себя, чтобы получить ряд преимуществ, которые имеют для нас значение, например, внимание окружающих. Но при этом мы напрочь разрушаем свою веру в способность что-либо сделать и поменять что-то к лучшему. Мы убедили себя в бессилии и стали ещё слабее. Вы же помните, что мысли материальны. Поэтому со временем мы получаем всё то, что себе наныли, да ещё сторицей.

В момент жалости мы находимся под контролем эмоций, и чаще всего в бессознательном состоянии. Справиться с нами способен даже ребёнок, и самые важные вещи, становятся бессмысленными, мы полностью замыкаемся на этом чувстве. Притупляется здравый смысл оценивать ситуацию, да и собственное поведение уже не под силу.

А начав управлять жалостью и придя в осознанное состояние, можно объективно оценить ситуацию и понять, что она абсолютно не дает нам повода себя жалеть.

Давайте поговорим о главных причинах жалости и как она выражается.

Первая причина проявления у себя жалости – это безысходность или бессилие. Кажется, что ты ничего не можешь сделать, чтобы изменить результат. Например, любимый человек уезжает жить в другой город, помешать этому нельзя и что-либо изменить тоже.

Вторая причина – недооценивание себя как человека, способного на серьёзные поступки. Вы считаете себя хрупким, беззащитным созданием, которое может любой обидеть, которому можно запросто навредить? Да, с такими мыслями, вы не пройдёте ни одно серьёзное испытание в жизни и вас будут считать неудачником. Уверенные в себе и своих силах люди проявляют решительность и живут решительно. А если ты считаешь себя слабым, то и действуешь как слабак.

Вам постоянно чего не достаёт, чтобы выйти из этого замкнутого круга. Вы снова начинаете себя жалеть, настойчивости нет, результата нет. Кажется, что вы слабее других, вам тяжелее всех, а вы что умеете заглядывать другим в душу, чтобы делать такие выводы? Когда мы все были маленькими, то позволяли себе выражать боль слезами. Сегодня, считается, что слёзы – это позорно и неприемлемо. Но каждый испытывает боль, если не душевную, то физическую, разница лишь в том, как он эту боль перенесёт. Общаясь с собой, мы что-то говорим себе, как-то выражаем боль и как-то воспринимаем происходящее, другое дело как.

➢ Жалость к самому себе может выражаться слезами!

➤ Жалость к самому себе часто появляется из-за физической боли.

➤ Жалость к самому себе порождают мысли об обиде и несправедливости!

➤ Жалость к себе из-за унижения!

➤ Жалость к себе из-за бессилия в моменте, когда не можешь ничего предпринять для того чтобы все исправить.

Жалость – это немое согласие со своей беспомощностью, когда кажется, что нет другого способа выплеснуть энергию, которая была вызвана внешними раздражителями.

5.5.3. Как снизить и нейтрализовать собственную жалость.

Человеку нужны все эмоции: и страх, и печаль, и грусть, и веселье, и радость, и одиночество, и жалость, и сострадание, и, даже, экстрим. Одно из них всегда компенсируется другим для сохранения равновесия во Вселенной. Если бы не было зла, не было бы и добра.

Но чувство жалости можно, для начала, научиться снижать. Есть несколько способов:

➤ Сказать себе: «Да я принимаю все как есть, да я согласен мне жаль себя, да я чувствую себя в этот момент очень некомфортно. И только я ответственен за это, поэтому я в силах это изменить!».

➤ Осознай причину, чтобы объяснить самому себе, почему не стоит ныть. Каждая жалостливая мысль - это реальная помеха к нормальному дисциплинированному усилию.

➤ Начните себя понимать, вы должны понимать от чего защищается таким способом ваш мозг. Найдёте причину жалости – переломите события.

➤ Становитесь оптимистом, хватит ныть, вспомните анекдот о крестах.

Если жалость вызвана физической болью, то примите обезболивающее и терпите. Умение терпеть боль ещё не раз

147

пригодится вам в жизни. А вот боль, вызванную насмешками окружающих или унижением, не стоит терпеть и необходимо давать отпор.

Привыкни к внешнему раздражителю и жалость утихнет. Постоянное переживание от одного и того же события притупляет чувства и со временем становится обыденностью. Но для этого придётся потерпеть.

А вот чтобы полностью перестать себя жалеть, нужно сильно постараться. Жалость, конечно, отвечает за рефлекс самосохранения, но не в нашем случае. Очень непросто намеренно навредить самому себе, если за этим не стоит никакой цели. Но мы же не ставим таких целей, правда?

Если из-за ваших успехов с вами перестали общаться те, с кем вы раньше весело проводили время, критикуют ваши поступки или желание измениться и поэтому вам себя жалко, то вы, Семен Семёнович, идиот. Пожалейте их, ведь это они не видят и не ценят ваших достижений. Если вам жалко себя из-за того, что приходится отказывать себе в привычных развлечениях, и это тоже пройдет! Если вы жалеете себя из-за неудач в прошлом, то это уже вообще прошло, поэтому закройте дверь плотно и поверните ключ!

Нейтрализовать чувство жалости можно двумя способами:

- ➢ Представьте, что «Все что ни делается все к лучшему», «Все, что меня не убивает, делает сильнее», «Тяжело в учении легко в бою».

- ➢ Проживите много раз одно и то же чувство, и оно станет абсолютно нормальным, привычным, естественным. Делайте то, что страшно и, со временем, вы станете смелее.

У каждого из нас есть выбор: либо превратиться в ничтожество и довести себя до «ручки», либо один раз взять себя в кулак и показать всеми миру, кто в доме хозяин.

5.6. Привычка быть успешным.

Вся наша жизнь – это не череда случайных событий. Это принцип выбора определённых действий. Любой выбор становится фундаментом наших привычек. А они, естественно, играют свою роль в нашем будущем.

Сегодня уже стало даже модным задумываться о своём образе жизни. Но мы уже поняли, что только финансового благополучия для счастья мало. Быть действительно состоятельным — это не только обладать финансовой свободой, но и окружать себя полезными знакомыми, быть здоровым, ощущать гармонию с собой и окружающим миром.

Немаловажно и познание своей души. Это процесс практически бесконечный, потому что, чем больше себя познаёшь, тем лучше становишься.

Вся жизнь состоит из привычек, но ведь мы можем выбрать какую привычку в себя встроить, а какую нет. Т.е., мы сами выбираем, как нам жить. Но к успеху ведут только положительные привычки и необходимо их выделять. Чтобы внедрить в себя нужную, которая поможет в будущем, нужно чётко понимать, к какому результату вы придёте.

Дорога к успеху — это тернистый путь. Чтобы чего-то достичь, нужно энергично и целеустремлённо взаимодействовать с окружающим миром. Теперь об этом подробнее.

Организм человека на 80% состоит из воды и нате же 80% жизнь состоит из привычек. Даже нужные привычки мы можем сформировать в себе: быть продуктивным, целеустремлённым, пользоваться своими талантами и возможностями правильно и эффективно.

Поэтому, когда мы начинаем менять свою жизнь, мы начинаем менять свои привычки. Просто это? Конечно, не просто. Обещая себе измениться, в восьми случаях из десяти мы отказываем себе в начинаниях, которые касаются нашего образа жизни. Для нас это становится обузой и проще оставить всё как есть. Почему так?

Все наши действия относятся к трём категориям: «привычные действия», «новые, но желаемые» и «новые принудительные». При этом, количество затрачиваемой энергии, становится основополагающим фактором. Совершая привычные действия, мы находимся в энергосберегающем режиме. Выполняя новые, но желаемые — сами наполняем себя энергией, да тратим, но получаем гораздо больше. А вот доходя до новых, но не желаемых действий, кроме потери энергии, нам необходимо ещё и силу воли подключать. А тут разные препятствия появляются и, чаще всего, мы просто «включаем заднюю скорость».

Давайте рассмотрим на примере желания бросить курить. Выкуривая каждый день несколько сигарет, курильщик делает это на автомате. После этого он не устаёт, не нервничает – всё легко, привычно.

Поняв, что курение приносит вред его здоровью, он принимает решение бросить курить. Под воздействие импульса он выбрасывает все сигареты. Это происходит легко, ведь присутствует личное желание и мотив. Потом, поругавшись с кем либо, он автоматически пытается найти в кармане пачку сигарет, но естественно не обнаруживает её. В душе моментально возникает запретное желание покурить и тут подключается сила воли. Он пытается себя сдерживать, тем самым совершая для себя, новые действия, к которым организм не привык. Естественно, при этом тратится огромное количество жизненной энергии.

И дальше два развития событий: если энергии мало, то тут же возникает мысль, что легче закурить, чем так мучатся. Если же энергии достаточно, чтобы сопротивляться соблазну – он сможет сдержаться, а переборов этот порыв, сможет в дальнейшем не курить автоматически.

Любые новые действия требуют дополнительных усилий, а значит, дополнительной энергии. И нужно соотносить уровень энергии и энтузиазма с уровнем сложности поставленной цели. Есть несколько способов, позволяющих инсталлировать новые привычки:

➢ Не начинайте с наполеоновских планов. Начните ломать старые, не нужные в новой жизни, привычки с простых вещей и только покорив их, переходите к более сложным задачам.

➢ Планируемые дела, необходимо формулировать чётко. Правильная, т.е. чёткая формулировка желаемого – это половина успеха. Согласитесь, есть разница: «я собираюсь бегать» и «я собираюсь бегать каждое утро с семи до семи сорока».

➤ Увеличьте вероятность активации привычки. Например, приготовьте с вечера спортивную одежду, чтобы не искать её полчаса утром и в итоге не найти.

➤ Заручитесь поддержкой близких. Если во время звенящего, на пару часов раньше, будильника, ваши родные будут его тихонько отключать, давая возможность вам поспать, то вы уже прибежали.

➤ Визуализируйте появление вашей привычки. Например, выбрав себе новую привычку, купите, одновременно с этим, луковицу цветка. Посадите её, вместе с вашей новой привычкой будет расти и цветок. Глядя на него, вы будете понимать, что привычка прижилась в вашем организме.

5.6.1. Привычки успешных людей.

Чтобы какое-либо действие сделать привычкой, необходимо в течение месяца его постоянно выполнять, при этом повторяя каждый день. Желательно даже в одно и то же время, чтобы выработать рефлекс. И ни в коем случае не делать перерывов или выходных – никаких исключений.

И так, какими же привычками отличаются от остальных абсолютно все успешные люди:

➤ Привычка думать.

«Есть люди, которые думают. Есть люди, которые думают, что они думают. А есть люди, которые умерли, чтобы начать думать» (Т. Эдисон)

Думайте ежедневно не менее одного часа. Думайте, соображайте, размышляйте.

➤ Привычка планировать, ставить цели и составлять список дел.

Мы уже много говорили, что нельзя ложиться спать, не составив список дел на завтра, не запланировав все встречи и не поставив цель. Начните с элементарных вещей, постепенно усложняя задачу. Как только привычка выработается – это будет так же просто, как помыть руки перед едой.

➤ Постоянное саморазвитие.

Развиваться необходимо постоянно, на ежедневной основе. Пусть, изначально, это занятие будет занимать всего пару часов, но со временем привычка выработается и начнёт занимать львиную долю времени. Чем больше вы посвятите саморазвитию, тем быстрее добьётесь результатов.

➤ Постоянно много и усердно работать.

Это основной залог успеха. Только нужно превратить работу в радость. Радость от приближения к желаемой цели. Мы много об этом говорили, поэтому не буду повторяться.

➤ Необходимо всё доводить до конца.

Основа успеха. Никогда, ни при каких обстоятельствах не бросайте начатое на полпути. Разозлитесь на себя, включите совесть, сделайте всё, что угодно, но не позволяйте обстоятельствам быть сильнее вас.

➤ Привычка мотивировать себя.

Фантастическая вещь о которой многие забывают. Хвалите себя, поощряйте за успех, и он будет приходить к вам чаще.

Выводы из главы

Да, глава сложная и важная одновременно, поэтому хочу выводы сделать более объёмными и ответить ещё на несколько вопросов.

Да, счастье без успеха невозможно – это мы уже поняли. А успех не приходит сам, к нему нужно стремиться и кропотливо работать. Многие отказываются от этой затеи по таким глупым причинам: возраст не тот, возможностей нет, здоровье не позволяет или, банально, некогда. А вы пытались? Лучше сделать что-то и пожалеть об этом один раз, чем не сделать и жалеть об этом всю жизнь... Зачем печалиться о том, что могло бы быть и чего не будет...

Если не смог переступить через свой страх, не смог сломить себя - будешь всю жизнь жалеть о не случившемся. А если смог - то на всю жизнь останутся воспоминания об этом мгновении. Об одном мгновении можно будет рассказывать часами, и все, кто вокруг, будут слушать, затаив дыхание. Вся наша жизнь состоит из моментов, и только от нас зависит, будут они монотонными или яркими и головокружительными.

Как часто мне приходилось встречать людей, которые не смогли ничего добиться в жизни только потому, что даже не попытались. А не попытались, потому что просто побоялись ошибиться. И мне кажется, что этот комплекс в нас закладывают с детства. Я это чётко осознал после посещения открытого урока по математике в школе моей дочери. На подобные уроки можно приходить с родителями и я, естественно, пошёл.

Тема урока: «сложение дробей». Учитель рассказывает новый материал, приводит примеры решения и даёт ученикам задание. Проходит время и один из учащихся тянет руку – мол сделал, готов блеснуть знаниями. Я уж было подумал, что парень гений, потому что сам ещё не успел сосчитать. Но не тут то было, потому что быстро, ещё не означало правильно. И, что делает учитель? Она говорит: «Что ж ребята, давайте все вместе посмеемся над Егором...». И пусть это как-то в шутку, пусть парню «фиолетово» на это, но в классе сидит еще двадцать с лишним человек и они о чем-то в этот момент подумали. Как думаете о чем? Я зато наконец-то понял, почему моя дочь никогда не поднимает руку на уроках – боится ошибиться. А так можно и комплекс на всю жизнь сформировать.

Через какое-то время моя дочь пошла в школу далеко за пределами России. Обучение на чужом языке, новые учителя, ученики. Наверное, это было не просто. Но спустя пару месяцев она пришла домой и сказала: «Я сегодня впервые вышла к доске и меня похвалили, я правда там напутала немного…». Но факт остается фактом, учитель похвалил ее. Поэтому первое, что мы сделали тем вечером - это отправились в кафе и наелись мороженного. Почему? А для того, чтобы ребенок, запомнил, что боятся неудачи не нужно.

Вот так и взрослые люди, сидят на попе ровно и боятся: вдруг посмеются, вдруг осудят, вдруг не поймут. Помните историю про мою первую работу? И выходит, что мы, как зомбированные, достигаем какие-то чужие цели, а свои боимся. А вы задумайтесь, в чем суть успеха? В достижении чужих целей? Нет, и еще раз нет! Своих и только своих четко сформулированных целей!

Но больше всего меня возмущают отмазки, которые мы придумываем, чтобы оправдать свою лень и трусость. Из этих списков можно книги писать. Я уже говорил, что чаще всего это отмазки по состоянию здоровья. У американских врачей есть такое понятие, как «синдром Мюнхгаузена». Вот, что говорит медицинский словарь:

«Синдром Мюнхгаузена — симулятивное расстройство, при котором человек симулирует, преувеличивает или искусственно вызывает у себя симптомы болезни, чтобы подвергнуться медицинскому обследованию, лечению, госпитализации, хирургическому вмешательству и т.п. Общепринятое объяснение причин синдрома Мюнхгаузена гласит, что симуляция болезни позволяет людям с этим синдромом получить внимание, заботу, симпатию и психологическую поддержку, потребность в которых у них фрустрирована.»

И что получается, что проще прикинуться больным и немощным, чтобы ничего не делать, но обязательно осудить и посмеяться (я бы даже сказал грубее – поржать) над теми, кто кропотливо, шаг за шагом двигается к свой целее?

Знаете, ну и пусть, такие люди тоже нужны. Лично меня они стимулируют на неповторение их ошибок. Смотрю на них и понимаю, что если начну себя жалеть и расслаблюсь, то буду также жалок, как и они. А моя цель при этом постареет пока меня дождётся.

И кого мне в этом потом винить? Ведь за любой результат отвечаю только я.

А люди которые вас осудят всегда найдутся. Более того, могу сказать, что в 90% случаев, когда вы будете развиваться, у вас будет меняться круг общения, а старый круг будет пытаться удержать вас всеми силами, не дать вам вырасти. Почему? Все просто! Если, например, вы единственный из своего класса средней сельской школы поступаете в московский ВУЗ, то абсолютно понятно, что вы успешнее остальных. И эти оставшиеся люди это тоже понимают. А кому охота быть среди худших? Никому. Поэтому есть два пути расти самому или «обосрать» того, кто из твоего болота вылез. Второе как правило легче, поэтому ждите фраз типа: «Да сдался тебе этот универ», «зачем ты в другой город поедешь?», «смотри как у нас тут хорошо, какая там еще Москва» и т.п. бред. И раз уж начал кидаться не сильно вежливыми словами, добавлю: «Плевать вам должно быть на то, что о вас думают люди, мнение которых для вас не важно!». Скажите себе: «Я хочу идти вперед и я туда иду! И вам этого желаю!» ▢

ЗАКЛЮЧЕНИЕ

«У тебя может быть величайший в мире талант, но если ты не будешь готовиться и работать по плану, всё пойдёт прахом»

Майкл Джексон

Каким бы ни было наше отношение к Майклу Джексону, но все готовы признать, что он был выдающимся человеком своей эпохи. Не смотря на свои «тараканы» в голове, он умел много работать для достижения поставленной цели.

Но это так, лирическое отступление. Книга подошла к концу. Даже, как-то грустно прощаться, но ничего не поделаешь.

Надеюсь, вы многому научились, уяснили для себя самое главное, возможно (на что я очень рассчитываю), сделали правильные выводы и приняли для себя правильное решение – жизнь пора менять и только в лучшую сторону. Мне бы ещё хотелось многое вам рассказать, но надо ли перегружать мозг. Если вы возьмете хотя бы половину из этой книги и примените к своей жизни - она изменится.

Надеюсь, что вы все-таки делали ваши фото. Надеюсь, что уже что-то изменили в своей жизни. И, как и говорил, буду с нетерпением ждать ваших писем, в которых вы расскажите о своих успехах, возможно, появятся вопросы, на которые я с удовольствием отвечу.

Обязательно присылайте фотографии, их я буду ждать с особым нетерпением.

А теперь обещанный подарок. К моменту издания книги я пришел к выводу, что просто книга не так изменит вашу жизнь, как четкая система, которую я могу вам дать. Я начал готовить курс занятий – онлайн семинаров с домашними заданиями, отчетами по ним и упражнениями, благодаря которым, вы не только узнаете нечто новое, но и сможете реально изменить себя, свой мир, прийти к успеху и счастью. Всем обладателям этой книги, не зависимо от того бумажный или электронный вариант у вас в руках, я вышлю индивидуальное приглашение на свой бесплатный семинар, когда он будет готов.

Удачи в достижении целей, счастья и успеха. Любви и добра! До скорой встречи.